仲野教授の
そろそろ大阪の話をしよう

仲野徹

仲野教授のそろそろ大阪の話をしよう

仲野徹

はじめに

大阪という町、世間ではどんなイメージで見られてるんでしょう？　「お笑い」「こなもん」「ヒョウ柄のおばちゃん」「えげつない」「ガラ悪い」、とかでしょうか。

たしかにテレビでは吉本の芸人さんたちが大阪弁で笑いをとりまくってます。それに、どうしてかわかりませんが、と～きょ～もんであっても、アホなことを言うたり、エロいことを言うたり、あるいは、ケチ臭いことを言うたりするときに、いきなり大阪弁を使い出す人がいたりします。いや、大阪弁ではなくて、大阪弁もどき弁とでも呼ぶべき、気色《きしょく》の悪いアクセントの言葉を。

でも、ホンマの大阪ってそんなんとちゃうんちゃう？

あ、念のために説明しておきますと、「ちゃうんちゃう」というのは、「ちゃう＝ちがう」なので、「ちがうのとちがいますか」という意味です。ついでながら申し添えますと、「あのちゃうちゃうちゃうちゃうちゃうちゃうちゃうんちゃう？」（あのチャウチャウのように見えるイヌは、ホン

トはチャウチャウとはちがうのではないでしょうか、の意）を、気色悪くなく発音できたら大阪弁の上級者です。

いきなり話がそれました、スミマセン。そんなステレオタイプな大阪ではなくて、もっと文化の香りがする大阪、あるいは、大阪の人ですら普段気づかないような大阪、を知ってもらうべきではないか。生粋《きっすい》の大阪人である私は、ずっとそんな気持ちを抱いてきました。ステレオタイプではあかんのとちゃうんか。大阪人も非大阪人も、もっと大阪のホンマの姿を知っておかなあかんのとちゃうんか。そういう義憤《ぎふん》にも似た気持ちをもって、大阪のことをよく知る人たち一二人を厳選して対談をおこないました。

というわけでは、まったくないんですわ。

四年ほど前のある日、以前に寄稿したことがあった雑誌『望星《ぼうせい》』の編集者、吉田文さんからメールがきました。三カ月に一回の連載で対談を企画してくれないかと。できれば大阪について、ではあるけれど「具体案はほとんどない」とのこと。なんなんですか、そのええ加減な依頼は……。

申し遅れましたが、不肖、仲野徹は、大阪大学医学部で、全国的にも珍しいとされる

「お笑い系研究者」として、「いろいろな細胞はどのようにしてできてくるか」についての研究にいそしんでいる真面目な（個人の感想です）教授であります。

ですから、どうしてそのような企画が持ち込まれたのか、いまだに不思議です。ただ、宗教学者の釈徹宗《しゃくてっしゅう》先生に刺激されて「絶賛なんでも巻き込まれキャンペーン」を始めたところだったので、お引き受けしようかと心が揺れ動いてしまったのです。

ひとつだけ条件をつけました。芥川賞作家の柴崎友香《しばさきともか》さんとお話がしてみたいので、それが可能であるならば、と。はい、いいですよと、軽請け合いされたことを受けて、企画がスタートしました（これについての後日談は、柴崎さんとの対談の項を読んでみてください。いかにええ加減な企画であったかがさらによくわかってもらえるはずです）。

とはいえ、完全に素人です。どんなテーマで誰と対談したらいいかもわかりません。まず、歴史学者の髙島幸次《たかしまこうじ》先生と対談したら、何人か適当な人を紹介してくれはるにちがいないから、そのご好意に甘えよう。他にも、大阪の食についてはちょっとうるさい、いや、うるさすぎる江弘毅《こうひろき》さんとか、国語学の（たぶん）大家である金水敏《きんすいさとし》先生とか、三～四人の顔が浮かびました。

まぁ、とりあえず、それだけおったら大丈夫やろ。連載いうても、ええ加減な感じやから、いつまで続くかわからんし。大阪について、適当に身の回り五メートル以内にいてる

人とお話ししてみよか、ということで始まったというわけです。

雑誌連載時のタイトルは「大阪しちーだいば〜」。もちろん、中沢新一先生の『大阪アースダイバー』（講談社）からの無断借用です。アースダイバーが「心の無意識までを含んだ四次元の地図を作成する作業」ならば、しちーだいば〜は「心のおもむくままの身近な対談でお茶をにごす作業」とでも言えるでしょうか。

しかし、わからんもんです。志《こころざし》の低さとは裏腹に、素晴らしく面白くて、ためになる対談ばかりになりました。対談相手は適当に選んだように見えますが、まぁ、実際そうだったんですが、たぶん大阪人としての私の「心の無意識」のなせる業《わざ》でしょう、結果的には、ゲストのバラエティといい、それぞれの内容といい、これしかない。振り返ってみれば、完璧と思えるほどです。

あ、スミマセン、ふたたび。自己紹介で言い忘れましたが、不肖、周囲の人から極端に自己肯定感が強いとの評価を受けておりますので、ご寛恕《かんじょ》のほどを。でも、騙されたと思って、どれでもいいので、対談をひとつ読んでみてください。きっと他のも読みたくなるはずです。

こんな調子で始めた対談ですが、私自身、本当に勉強になりました。生まれてこのかた六十年以上、ドイツに留学していた二年間ほどを除いて、「主婦の店ダイエー発祥の地」と枕詞がつく大阪市内きっての下町、千林《せんばやし》という町に住み、ずっと定点観測をしてきました。それでも、大阪のことは知っているようで知らなかった、ということを痛感しました。

大阪の人も、それ以外の人も、あぁ、大阪ってこんなこともあるんや、と新しい発見をしていただけるはずです。そして、きっと、大阪のええとこを守っていかなあかんなぁ、あるいは、標準語で、大阪のいいところを守らなくちゃいけないね、と思っていただけるはずです。どうぞ、お楽しみください！

目次

1

大阪って特殊ですか？

髙島幸次

高島幸次

●

たかしま・こうじ
一九四六年大阪府生まれ。
専門は日本近世史。
大阪天満宮文化研究所研究員。
著書に『奇想天外だから史実
——天神伝承を読み解く』（大阪大学出版会）など。

第一回は、日本近世史がご専門の歴史学者・髙島幸次先生にご登場願いました。というと、難しそうに聞こえるかもしれませんが、対談をお読みいただけたらわかりますように、むちゃくちゃおもろいおっちゃんです。ものすごく説得力のあるお話をされるのですが、説得力がありすぎて、ひょっとしたら騙されてるのではないかと思わせる、という特殊能力の持ち主でもあります。

では、笑おうという心づもりをしてから、対談をお楽しみください！

どこからどこまでが「大阪」？

髙島　第一回の対談ということで、今日は何から話したらええですか？

仲野　まずは、大阪の特殊性について。その前に、大阪の人が「大阪」といった場合に、どこからどこまでを大阪だと思っているのか。それと、「大阪人」というと、どこらへんに住む人のことを指すのか。そのあたりから教えていただけませんか？

髙島　大阪府は摂河泉《せっかせん》、つまり、かつての摂津《せっつ》・河内《かわち》・和泉《いずみ》という三つの国からなっていますが、「大阪はどこからどこまで？」という質問に一言で答えるんやったら、大阪市中が、いわゆる大阪です。大阪市以外の大阪府下の町や地域は、岸和田なり、貝塚なりという、固有の言い方になってしまう感じですね。

仲野　中河内、北河内、とかですね。

髙島　さらにややこしいのが、江戸時代の大坂というのは、大川（旧・淀川本流）より南が中心なんですよ。現在は大川よりも北の梅田あたりが市の中心ですが、かつては大川よりも南の船場《せんば》が本来の大阪で、その意識が残っている人が、いまでもいてはります。船場の古い繊維問屋の社長が、大川の北側の天満《てんま》の人に出会ったときに「いやぁ、川向こうの人にお会いするとは、うれしいです」と挨拶しはったという話があります。

仲野　ん？　いまは町のど真ん中にあるような天満が町外れやったということですか。たしかに、上町台地（幅二〜三キロ、長さ約一二キロの台地。北端は大阪市中央区の天満橋付近で、南端は住吉区の苅田付近。図1参照）の端っこではありますね。

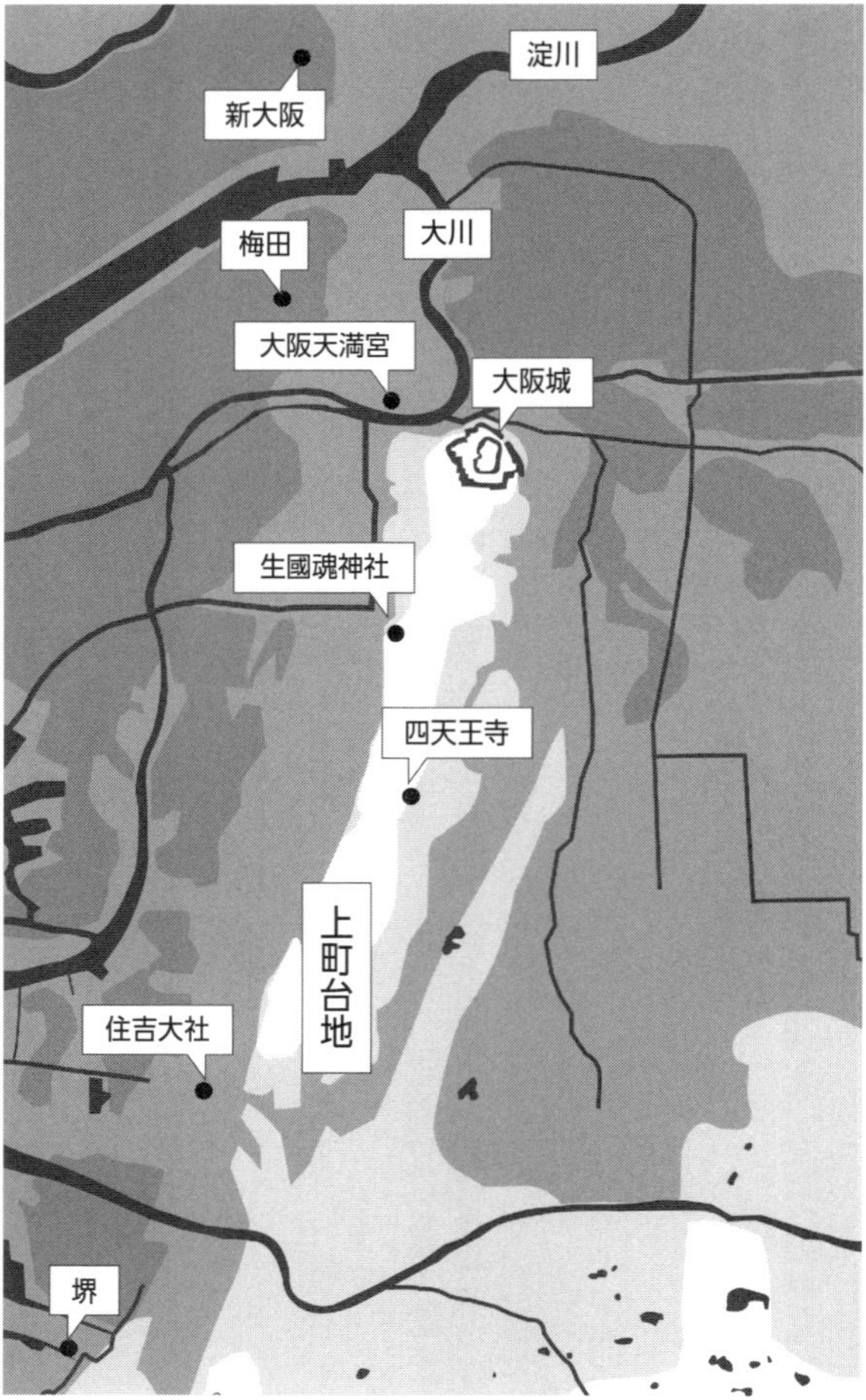

図1　上町台地周辺の地図

髙島　縄文くらいまで遡ると、上町台地は台地というよりは岬で、それが南側から突き出している感じでした。東は河内湖、西は大阪湾が迫り、その先端部分は砂州《さす》になって北へ伸びていた。天満はその砂州付近、台地が消えかかっているところにあたります。天満宮の北側に天満天神繁昌亭《はんじょうてい》という寄席《よせ》を造るときに工事で掘ったら、それこそ砂ばっかりでした。

仲野　大阪城は淀川の南岸で、本来の大阪のなかではかなり北の端っこになりますけど、そんな場所に造られたのは堀に水を引き込まんとあかんからですか？　それとも、建てる資材のための水運の問題？

髙島　どういうのかな……歴史的に、あそこは日本を支配する権力者の場所なんです。

天皇家の記録によると、平安から鎌倉時代にかけては、天皇が新たに即位したら、その翌年に「八十島祭《やそしままつり》」を上町台地の先端でやるのが決まりでした。八十島祭で何をするかというと、天皇側近の女官（典侍《ないしのすけ》）に天皇が自分の着物（御衣《おんぞ》）を預けて上町台地の先端に行かせる。典侍は御衣を入れた箱を上町台地の先端でぱっと開ける。すると、海の風がばーっと当たる。日本は大八洲《おおやしま》ともいいますけど、その海の風を受けた衣を着ることによって、天皇はこの国を支配する権利を得ると考えられていたんです。

八十島祭はおそらく、記録が残っている平安時代以前からおこなわれていたんじゃない

かと思います。すると、難波宮《なにわのみや》の時代やったら、天皇自身が岬の先端に立ち、身にまとった着物に風を受けてたはずです。難波宮は現在の大阪城のすぐ南で、上町台地の先端に近いですからね。これってタイタニックの、あの有名なシーンに似てるでしょ。つまりこれは、**「八十島タイタニック説」**といってね……。

仲野　ほんまですか？　聞いたことありませんけど。どこからどこまでがホンマかわからないんですが、そのタイタニック説は世間では受け入れられているんですか？

髙島　全然。ただ、着物に風を云々でこの国を支配するということ自体は単なる物語でしかないわけですけど、そういう伝説みたいなものは、歴史を動かす原動力としてけっこう力強いんですよ。しかも、知識とか教養として、後世に引き継がれる。「八十島祭」には、生島《いくしま》・足島《たるしま》という神様を祀《まつ》るんですけど、それをいまも祀っているのが生國魂《いくくにたま》（生玉《いくたま》）神社なんです。

仲野　ん？　生玉さんって、大阪城よりもだいぶ南にありますけど……。

髙島　実は生玉さんは、もともと上町台地の先端にあったんです。ところが**秀吉があの場所欲しさに生玉さんを天王寺に移した。**だから生玉の宮司さんは、大阪城の土地は「うちのもんや」とゆうてはります。

仲野　世の中には、上沼恵美子《かみぬま》みたいな人が他にもいてはるんですね。

高島　現在の大阪は、上町台地から始まったんですが、秀吉は大坂城を造るときに、最初は上町台地に沿って城下を南へ伸ばそうとします。それで、四天王寺の門前町を取り込み、住吉大社の門前町をも取り込んで、堺港までいくはずやった。ところが、築城の途中に慶長の大地震が起こって、堺の港が壊滅。これで従来の城下町南北構想が頓挫《とんざ》してしまい、しゃぁないから西へ伸ばす東西構想に変更します。でも、海に近い西のほうは、まだ湿地やヌカルミ状態だから、東横堀、これは大坂城の外堀なんですが、その掘った土で船場なんかを埋め立てて、宅地化していくんです。

仲野　**梅田はもともと「埋田」**やったんですものね。

高島　そうそう。そういう意味では、大阪の地形的な歴史は、すごく新しい。難波宮なんかは、上町台地の上にこぢんまりと造られたんですけど、秀吉のときに船場あたりを埋め立てたことによって、いまでいう「大阪」のかたちが一気に見えてくるんですよ。

「だれが大阪人やねん」問題

仲野　次は、だれが大阪人やねん問題です。大阪の人間いうても、どこらへんに住む人までが自分のことを大阪人だと思ってるんでしょう？

髙島　江戸っ子は、三代江戸に住まないと江戸っ子じゃないといいますけど、大阪の場合は、何代住まなあかんとか、そういう意識はあまりない。むしろ、**大阪人と呼べるのは、「おもろいヤツ」と、「けったいなヤツ」だけ**だと僕は思ってます。おもろいヤツとけったいなヤツが大阪人であって、それ以外の大阪の住民は、ただの〝大阪市民〟です。おもろいとけったいの違い、わかります？　僕はおもろいヤツですねん。けったいなヤツ、ちゃいますねん。

仲野　あんたはけったいなヤツのほうや、って言われてそうな気が……。

髙島　いや、仲野センセもおもろいヤツ。自分で意識して面白いことゆうて人を笑わそうとするのがおもろいヤツ。で、普通にしてても人から笑われるのが、けったいなヤツ。〝大阪市民〟はそのどちらでもない人々です。

仲野　「あいつ、けったいなヤッちゃな」っちゅうときは、どこかに「理解不能や」いう感じがありますね。

髙島　なんで理解不能なのかといったら、本人は面白いこと言っているとは思ってないのに、周りにとってはおかしいから。僕が面白いことを言って笑わそうと思ったときは、相手も「この人、笑かそうとしてる」ってことで理解できると思うんですけど、けったいなヤツはマジメな顔してやってるから、「いまの、笑っていいの？」って思ってしまう。

仲野　大阪の人にとって、けったいはやや蔑称《べっしょう》ですけど、おもろいは褒め言葉ですよね。

髙島　褒め言葉です。おもろくなかったら、生きてる意味がない、あっ、これはちょっと言いすぎですね。

仲野　他府県から大阪大学に来る学生には、そのあたりがけっこうプレッシャーみたいです。大阪来たら、おもろいこと言わなあかんっていうのが。

髙島　長いこと、周りがみんなおもろいこと言う環境で育ってきたので、全国的に見たら特殊だなんて、思ってもみなかったですけどね。

仲野　それが、大阪人の偏狭なところです。僕が言うのも何ですが……。

髙島　私が教師になりたてのころ、夏休み明けのゼミで、学生たちに「夏休み中、何してた？」って聞いたことがあるんです。そしたら、ある学生が「〇〇でアルバイトして、貯めたお金でイギリス行って……」と答えた。

「何やそれ。イギリスでどういう面白いことがあったんや？　何を言いたいんや？」

「先生が休み中の報告をするように言われたから……」

「そやけどな、何か面白いことなかったん？」

そしたらその子、涙を浮かべそうになって……これはさすがにまずいと思ったそのときです。「先生、ムチャゆうたらあかん。この子、岡山の子やで！　私が代わりに話すから、

許したって！」と、助け舟を出してくれる学生が現れた。その子は、見事にオチつけて、大爆笑取りましたよ。もちろん大阪の子でしたけど。

仲野　大阪人としては、しょうもない話でも、「いまのところはおもろないけど、これ絶対オチあるな」と我慢して聞いてますよね。だから、最後までオチがなかったら、無駄な時間を返せ、と、ホンマに腹立ちます。

髙島　腹立ちますよ！　それは相手を喜ばしたろ、というサービス精神がないということやないですか。

大阪の人間がわっと集まってるなかに〝大阪市民〟がいると、「なんでここ座ってはるの？」って気持ちになるとき、ありますよね。こっちがこれだけサービスして話してるんやから、ちゃんと応えなさいと。妻が京都の出身なんですが、家庭のなかはいまだに、おもろいヤツと〝市民〟のすきま風が吹いてます。これオフレコですよ。

仲野　うちの娘は中学校から京都に行ってましたけど、やっぱり周囲に全然うけへんってゆうてましたね。先生も他所《よそ》へ行かれたとき、こちらがおもろいことゆうてんのに、うけてくれへんことないですか？　センスがちゃうなぁ、というか。

髙島　はい、ありますよ、ようあります。大阪人は、うけの度合いをいろんなとこで試してるから、自分の話がどの程度か、基本的にはわかってるんですけどね。にもかかわらずう

けなかったら、相手の感性が鈍いといってもいいでしょう。

仲野 なんとえらそうな……。大阪的にいうと、笑いを取る高度な技といえば、やっぱり一人ぼけ突っ込みですよね。

髙島 最近作ったネタがあるんです。これは、仲野センセには試したかな？ 僕、講演会を頼まれることが多いんですけど、近ごろは僕のところに直に来るんじゃなくって、売れっ子の知人に来た話が回ってくることが多い。その知人が自分は都合悪いけど「髙島はいつも暇やから」って主催者に紹介してくれるんですよ。しかも一言、「髙島やったら、ギャラも安いし」って余計なことまでつけ加えて。それで**最近は僕のことをみんなで「ジェネリック髙島」って言うようになった**という。

仲野 それ、初めて聞きました。

髙島 そう？ これ、新作。いけるでしょ？

仲野 いけます。初対面の人に備えて、鉄板のネタ、三つくらいは持っておくと……。

髙島 いいですよね。こういうネタを日常的に作り出しとかんと、みなさんを楽しますことできません。

仲野 大阪人は、天気の話はあまりしませんかね。

髙島 話すとしたら、天気をまた弄《もてあそ》んで。たとえば、ある人が「今年は暑いね」と言った

ら、相手が「去年に比べてすごいよね。いや、その前に比べて……ねぇねぇ、このままいったら、地球、沸騰すんのちゃう?」とかね。そういうふうに、天気の話さえ、オチつけんと。「暑いですね」「ホントですね」「じゃ」……こんなのは、非大阪人の会話です。

権力を埒外に置く気風

髙島 バブルのころに、日本人がずいぶん海外旅行に行ったでしょ。当時、基本的にはフランス語しか話さないあのフランスの、しかもパリの有名ブランドの店員さんが唯一覚えた日本語があって、それが「まけてぇな」だったって話があるんですよ。

仲野 しかし、大阪人ってそんなに値切りますかね? 実際にはあんまり見たことないんですけど。

髙島 誤解されたらいかんのは、**値切るのはケチやからやなくて、コミュニケーション取るため**なんです。お店の人とやりとりするのが面白くて値切るだけであって、値切られへんなら買うのをやめるというようなことではないんです。

大阪文化のなかで値切る人が少なくなったのは、百貨店やコンビニ、ファストフードの店が悪いんだと思います。価格は固定されてるし、お客さんとの会話はマニュアルでぎち

ぎち。でも、値切る文化はもっと残してほしい。そういう気持ちはあります。実を求めるよりも、相手とのやりとり、つまりコミュニケーション自体を求めているわけですから。

仲野　そういうときも、面白くないとアカンですよね。

髙島　いろんな説明づけができると思うんですが、ひとつには、江戸時代の大坂は商人の町で、考え方がすごく合理的だったことが挙げられると思います。武士の世界では、お殿様からもらった羽織と、自分が買ってきた羽織とでは、同じ品物だとしても価値が違いますよね。だから江戸では、身分の上下で人間関係が自動的にでき上がった。

ところが大坂では、武士が持ってる一貫文と、町人が持ってる一貫文の価値は同じで、そこに上下の差はない。人間関係もそういう合理主義のなかで生まれるので、対等な状態から自分たちの努力で関係をつくっていかなければならない。そこで、コミュニケーションを面白がる部分が出てきたんだと思います。

幕府＝権力から大坂が遠ざかっていたことも大きいでしょうね。江戸時代、大坂城下に住んでいる人間のうち、武士はたったの二パーセント。江戸はだいたい五〇パーセントくらいで、全国の城下町の平均は五パーセントから一〇パーセントくらいですから、大坂は極端に少ない。そういう意味で、権力に対してかなり距離がある。

だからといって、反権力でもないんですよ。けど、迎合することもしない。正確にいう

と、**権力を自分の埒外《らちがい》に放っぽらかす**という。

権力との距離感の話をするときには、小西来山《こにしらいざん》という人の「お奉行の名さえ覚えず歳暮れぬ」という川柳がよく引き合いに出されます。この句から、大坂町人というのは町奉行が誰になろうが名前なんて覚えない＝反権力的だと考える人がいるんですけど、でも、それはちょっとちゃう。

この川柳が作られたのは宝永元（一七〇四）年なんですね。で、宝永元年の暮れがどんなだったかというと、西町奉行が十一月十五日に新たに任じられている。大坂町人への告知月日は不明ですが、西町奉行就任から「歳暮れぬ」というまでには一カ月ちょっとしかないから、名前を覚えてないのは本当のようにも思える。

ところが、この西町奉行（大久保忠形）は、町奉行になる一年も前から大坂に来て、大和川改修の奉行をやっているんです。大和川の改修は当時の大坂では一大事業ですから、忠形は、大坂町人にはもう馴染みなんですよ。馴染みであって、なおかつ町奉行になったんだから、覚えてないわけがない。つまり、知ってたうえで、あえて知らないと言っている。それが大坂町人であり、権力を埒外に置くっていうのは、そういうことなんです。

仲野　埒外に置くということは、権力なんて気にしないっちゅうことですか。

髙島　気にしてないフリっていうのかな。それは大阪の風土として、ずっとあるような気

がしますね。

仲野　お金に余裕があったから、そういうことができた面もあるのでは？

髙島　天下の富の七割まで大坂に集まったというくらいですからね。裕福やわ、気を遣う権力者がいないわで、そういうなかから「清く正しい大阪人」が成長してきたのでしょう。

仲野　なるほど。そういう思考の持ち主が、典型的な大阪人ですね。

変化し続ける町・大阪

仲野　大阪がいちばん栄えたのは、いわゆる「大大阪《だいおおさか》時代」といわれた大正ごろまでですか？

髙島　たしかに、大阪市に接続する町村を合併して、人口が東京を超したときはあって、それを大大阪時代といいますけど、あれは、関東大震災で東京が打撃を受け、被災した人々が大阪に流入してということもあるんですけどね。

仲野　御堂筋《みどうすじ》を広くしよう、みたいなのも、そういう急速上昇の機運があったから……。

髙島　これ、大阪では有名な話なんですけど、大正十二（一九二三）年に關一《せきはじめ》さん（図2）という人が大阪市長になって、大規模な都市計画を打ち出します。そこで御堂筋を広げようとしたら、議会から「飛行場造って、どうすんねん」などと言われて、反対にあって。当

時は、滑走路のように見えるほどの広い道を造るのに何の意味があるのかと思われたんでしょう。

仲野　關さんは、梅田の地下鉄の駅にも、余分なホームをたくさん造ってたんですよね。将来、人口が増えて、利用客も増えるだろうと見越して。

髙島　三十年くらい前かな？　梅田駅のホームの数が急に二倍になったんですよね。こんなん、いつの間に掘ったんやと思ったら、ちゃんと隠して持っとったらしい。

仲野　あの先見の明にはほんまに感動しましたわ。でも、そうか。大大阪は、関東大震災の影響があったからなのか。それで人口が増えて、都市の規模が大きくなるのは、いうてみたら当たり前ですから、あんまり自慢するようなもんやないと。

図2　關一

髙島　こういうとこ、誠実でしょ？　大阪人は、思いついたように誠実になるんです。

仲野　**大阪の人間は、よく、わーっと言い散らかしといて、最後に「よう知らんけどな」って言いますけど、あれも誠実さの表れ**ですよね。しゃべってる間に、「これで、

ええんかな」ってだんだんだん心配になってきて、免罪符のように「よう知らんけどな」と言い置いて去っていく。センセも、これだけ大阪のこといろいろしゃべっておいて、「ほんまは、よう知らんねんけどな」がオチかもしれんなぁ。

髙島　この対談も最後にゆうてもええですか？

仲野　それだけは堪忍《かんにん》してください。

髙島　ただ、僕がいつも思っているのは、**大阪という町は古代から現代まで、都市の性格を変え続けてきた**ということです。

まず難波宮の時代は、明らかに日本一の政治都市でした。四天王寺の門前町は日本一の門前町でもありました。中世には、堺港は、日本一の港でしたから、港湾都市であると同時に、貿易都市でもあり、国際都市といってもいい。大坂本願寺があったときは日本一の宗教都市だし、秀吉が大坂城を築城すると、再び日本一の政治都市になり、さらに日本最大の商業都市、経済都市となって、文楽や歌舞伎を考えると芸能都市ともいえる。文楽・歌舞伎は前衛芸術でしたから、前衛都市でもあった。大阪大学のルーツになる懐徳堂《かいとくどう》（＊1）や適塾《てきじゅく》（＊2）は、江戸の昌平坂《しょうへいざか》学問所（＊3）のレベルを超えたといわれますから、学問都市の側面もあった。近代になってからは「東洋のマンチェスター」とかいわれる工業都市になるし。

大阪は時代の変化に対応して、常に生まれ変わっている。日本中探しても、そんな町、ないです。そう考えると、大阪のバイタリティ、時代に対する変化への対応力は、すごいと思うんですよ。

ひとつ、気に入らんのは、大阪の人間、特に政財界の人たちが、経済的に復活せなあかんとばかり言っていること。たしかに経済が大事なのはわかるけども、大阪はなにも経済だけで生き抜いてきたわけじゃないので、**いままで経験したことのない「〇〇都市」に生まれ変わってもいい**のになぁと思います。

仲野　いまは、何してええかわからん状態やというだけのことですか。

髙島　何していいかわからん状態が続くのは、ほかの都市にとったら致命的に暗い話でしょ。でも大阪は、そんな心配せんでも、常に時代の変化に応じて、いつでも「〇〇都市」という言い方ではトップだった。そう考えたら、百年単位でゆっくり見ることも大事かと。いずれは……。

仲野　われわれが生きてる間は、ひょっとしたらムリかもわかりませんけど、そのうちに。でも、進化ってそういうもんですよね。一度ダメになって、次に変わるような隙間というかネックがないとあかんのですから。そうやって常に変化し続ける点も、大阪の特殊性かもしれません。いろいろとありがとうございました。とっても勉強になったような気がします。

*1　江戸時代中期に商人たちが開学した学問所。

*2　天保九(一八三七)年から文久二(一八六二)年まで、医師・蘭学者の緒方洪庵を中心に大阪・船場に開かれた私塾。

*3　寛政九(一七九七)年に江戸幕府の直轄学校として開設された教学機関。

2

大阪弁を考えるの巻

金水敏

金水 敏

●

きんすい・さとし
一九五六年大阪府生まれ。
専門は日本語史および役割語研究。
著書に『〈役割語〉小辞典』（研究社）など。

第二回のお相手は、国語学の（たぶん）大家、大阪大学大学院文学研究科教授の金水敏先生にお願いしました。時代とともに失われていくものが多いけれど、たぶん、大阪弁がなくなるようなことはないでしょう。そういった普遍性から、という理由もあるのですが、それ以上に、同じ大学で頼みやすいから、ということもありました。それに、まったくどうでもええことですが、遠戚にあたります。

これもどうでもええことですが、この対談の日、編集の吉田さんに事件が持ちあがりました。

関西には面白いローカル番組がたくさんあって、二十年近く大阪のおばちゃんたちに強く支持されている午後のワイドショー「ちちんぷいぷい」もそのひとつであります。火曜日には、インテリお笑い芸人ロザンが、大阪駅あたりで迷子になっている人をおかまいする「道案内しよッ！」というコーナーがあります。吉田さん、電車から降りてぼーっとしながら歩いていたら、ロザンに捕獲されてしまったそうです。「どこへ行くんですか？」と聞かれて、「大阪大学の仲野徹先生と金水敏先生の対談に」と、答えたらしい。

文章で書くと問題ないのですが、今回の対談相手の金水先生の名字は、金水と書いて「きんすい」と読みます。が、寝ぼけ状態の吉田さん、「きんすい」って知ってたのに、「かねみず」先生と言ってしまいましたと反省しきり。

金水先生にはご内密に、と言うてましたが、後日に放送されてばれてしまいました。心の広い金水先生は、気にしてませんから、ということでしたが、ほんとはどうなんでしょう。ということで、きんすい先生との対談をお楽しみください。

大阪弁＝関西弁？

仲野 今回は大阪の言葉について探っていこうというのがテーマであります。ひとくちに大阪弁といっても、谷崎潤一郎の『細雪』に出てくるような船場の言葉はきれいだといわれる一方で、岸和田（泉州）や南河内といった南のほうへ行くと汚くなるとされています。かと思えば、同じ河内でも、北河内みたいに京都に近くなるとアクセントも京都寄りにな

って、ちょっとお上品に聞こえたりする。同じ大阪の言葉でも、地域ごとにかなりの特色がありますよね。

あと、関西弁という言い方もありますね。関西弁というくらいやから、広くは京都や神戸も含めた、いわゆる関西圏で使われてる言葉というニュアンスがあると思うんですが、関西弁＝大阪弁みたいな感じで使われることもけっこうあります。

で、センセには、まず国語学者らしいパチンとしたお答えをお願いしたいんですけど、関西弁やら大阪弁ゆうのは、どういう定義で捉えたらいいんでしょう？

金水　いまおっしゃったように、京都や奈良と接している北摂《ほくせつ》や北河内と、和歌山方言との共通点が多い泉州では言葉がずいぶん違うように、大阪弁には地域ごとの特色がかなりあります。ちなみに、**いま「ごわす」と聞くと、西郷さんか相撲取りみたいに思われるかもしれませんが、これも由緒正しき大阪弁なんですよ。**

仲野　そういえば、僕が子どものころは、近所で「ごわす」を使ってる人がまだいてましたわ。

金水　でも、これは関西全般にいえることですが、昔に比べれば、こういう個性的な言葉は少なくなってきている。京都の「どす」や「おす」も、いまではほとんど営業用の京都弁になっていて、使うのはお茶屋さんか舞妓、芸子、あとはお年寄りぐらいです。

仲野　お年寄りが使うということは、もともとは日常的な言葉だったということですか？

金水　明治から戦前生まれの人にとってはそうだったと思いますが、いまも自然に使う人は絶滅危惧種になってますね。

神戸弁では、「知っている」を「知っとう」といいます。「知っとう」は「知っておる」が伸びた形で、語尾に「おる」がくるのは中国、四国地方とのつながりが非常に影響しています。一方、大阪は「知ってる」ですから、「いる」の系統です。本来、「いる」は東日本で使われることが多く、西日本では「おる」がよく使われるのに、大阪と京都は「いる」なんです。大阪の場合、「○○がそこにいる」と言いたいときに、先生だったら「そこにいてはる」、猫だと「そこにおる」といった具合になるので、「おる」をまったく使わないわけではないんですが、やや品の悪い感じがするんですよね。

仲野　ちょっと見下げたような……。

金水　凄《すご》むときにも「おる」を使うところがあって、「わかっている」を「わかっとるんじゃ」と言ったり。「じゃ」も「何ゆうとんじゃ、ぼけぇ」みたいに、やっぱり凄むときに使われることが多い言葉です。

で、結局、何をもって大阪弁というのかというと、なかには、ほんまの大阪弁は船場・島之内の言葉だという人もいます。船場の言葉は『細雪』や、小津安二郎の映画に出てく

るような上品な大阪弁の世界ですからそれもわかるんですが、みんながみんなそう思うとは限らない。そういう多様性が方言の特徴でもあるので、スタンダードなんて決められないんです。なので、**岸和田だろうが北摂だろうが、大阪の人間が使っていたらそれは大阪弁ということで間違いない**と思います。

関西弁のほうはというと、最近、特に若い人の間では、京都弁や神戸弁といった区別が薄れ、どの言葉も似通ってきている。それが一種の関西共通語みたいになってるんですが、その基盤になっているのが大阪弁なんですよね。ですから、関西の言葉が大阪弁をベースに均質化してきているという意味で、関西弁＝大阪弁のように使われるケースが増えてるんじゃないかと思います。

仲野　京阪沿線、京都と大阪を結ぶ電車の沿線で育ってて、幼いころは、京都に近づくにつれて京都弁の要素が強くなる言葉のグラデーションみたいなものをけっこう感じたものなんですが、そういうのってまだ多少はありますか？

金水　あります、あります。たとえば「来ない」を、京都の人は「きぃひん」、大阪の人は「けえへん」、間を取って北摂のあたりは「こおへん」「こえへん」と、いまでもいいます。東京の人には、そんな違いはよくわからないでしょ？

――　さっぱりです。大阪出身の同僚が、明石家さんまの関西弁は関西弁じゃなく奈良

弁だと言うんですが、これもよくわからないんです。

金水　さんまさんの言葉は奈良の言葉というより、どちらかといえば吉本の芸人言葉を意識して使っている面があるんですよ。「でんがな」「まんがな」なんて、その典型です。「ほんまでっか!? TV」という番組がありますが、「でっか」も、周りで使っている人、見たことないですよね。

仲野　「でんがな」「まんがな」「でっか」みたいな、いわゆるコテコテの大阪弁を使うのは、年配の商売人くらいですかねぇ。あと、意外なところでは大阪府庁に勤めてる友人がけっこう使ってます。あれはなんかこう、**大阪っぽさを出すために強制されてるんかなという気もしますが**（笑）。

金水　以前、「秘密のケンミンSHOW」というテレビで、「でんねん」「まんねん」「わて」なんて言葉を本当に使うのか、大阪でインタビューしていて、実際みんな「使わんなぁ」と否定するわけです。でも、マンガやアニメでは「わてが大阪人だす〜」みたいなキャラクターが使われるから、関西以外の人たちにとってはあれが代表的な大阪弁だという意識が強い。さんまさんみたいな芸人のイメージも大きいでしょうね。

仲野　そういう意味では、東京の人が思い描く大阪弁と、われわれが日常的に使ってる大阪弁は、ちょっと違うのかもしれませんね。

〝役割語〟としての大阪弁とは

仲野　金水センセはこう見えて、というと失礼ですが「役割語」の大家なんですよね。センセが創出された概念なんですが、役割語ってどれくらい知られてるんでしょう。とりあえず、簡単にご説明願えますか。

金水　たとえば、「わしが知っておるんじゃ」なんて言葉遣いをするのは博士や老人で、「わたくしが存じておりますわ」と言ったらお嬢さまや貴婦人だってイメージが、なんとなくありませんか？　実際にそういう言葉遣いをするかどうかは別として、いかにもそれらしく感じてしまうというのが役割語です。詳細は『ヴァーチャル日本語　役割語の謎』（岩波書店）という本に書きましたので、ご参照ください。

仲野　役割語としての大阪弁っちゅうと、お笑いと、ガラの悪いおっちゃんのイメージが相当強いと思うんですが。そんなことないですか？

金水　大阪のおばちゃんのイメージもね。あと、大阪にはヤンキー的なイメージもありますよね。精神病理学の斎藤環《たまき》さんがヤンキーについていろいろ書いてるんですけども、ヤンキー的な心性は大阪が本場だと言っていて、あれはほんまに嫌なんです。

仲野　心外やと？

金水　心外なんですけど、たしかにそういうところもあるんですよ。けど、われわれ大阪の文化人は、大阪のええとこいっぱい知ってるから、ヤンキー的なところはめちゃくちゃ嫌なんですわ。

仲野　この対談シリーズは、大阪のええとこを世間に広めて啓蒙するのが、いちばんの目的になっておりますので、そこのところは思いっきり言ってください。

金水　こういう通俗的な大阪のイメージが生まれたのには、それぞれいろんな経緯があるんですよ。

まず、典型的なお笑いの大阪弁というのは断続的にできてきたんですけど、それには大阪弁が全国規模で流行《はや》った時期が関係しています。流行は、大きくは三つくらいあって、ひとつは元禄期……。

仲野　元禄期⁉

金水　元禄バブルでいろいろな文化が花開いた当時は、(井原)西鶴や近松(門左衛門)、つまり浄瑠璃が各地で人気になった。浄瑠璃は、ちょっと古くさい言葉も入ってるけど、基本的には大阪弁なんですよね。だから、しゃべれはしなくても、浄瑠璃のおかげで日本中の人が大阪弁を理解できたんです。

十八世紀の半ばごろになると文化の中心が江戸へ移って関西の影響力はいったん弱まる

んですが、近代になって第二のブームが到来します。大正後期から昭和初期、繊維業を中心に大阪の経済が成長し、市域も拡大して、東京都よりも人口が多かったときです。

仲野　前回、大阪の特殊性について話してもらった髙島幸次センセに言わせると、あの人口増加は関東大震災で、東京から人が逃げてきたことによる一過性のものだという話でしたけど。

金水　まぁまぁ、それはそうなんですけど、そのころは大大阪時代といわれていて、人口増加に伴って労働者も増えましたから、娯楽としてお笑いがブームになりましてね。人気を博したのが浪花の爆笑王といわれた初代（桂）春團治《はるだんじ》や、エンタツ・アチャコ。エンタツ・アチャコは映画にもたくさん出ていましたし、落語や漫才はＳＰレコードで全国的に流通していたので、戦前から戦後にかけては、大阪弁がいろいろなかたちで日本中に広がっていった時期でもありました。

ちょっと浄瑠璃の話に戻しますけど、浄瑠璃では語尾の「です」や「だ」は「じゃ」と言うんですが、この「じゃ」が、今日の大阪では「や」になっている。「じゃ」が「や」に変化したのは明治時代で、昔から使われていると思われている言葉のなかには、実はけっこう新しいものもあるんですよ。「ねん」なんて、二十世紀に入ってからですから（図3）。

仲野　へぇ〜！「わて」とか「ちゃう」とかも、比較的新しいんやなぁ。

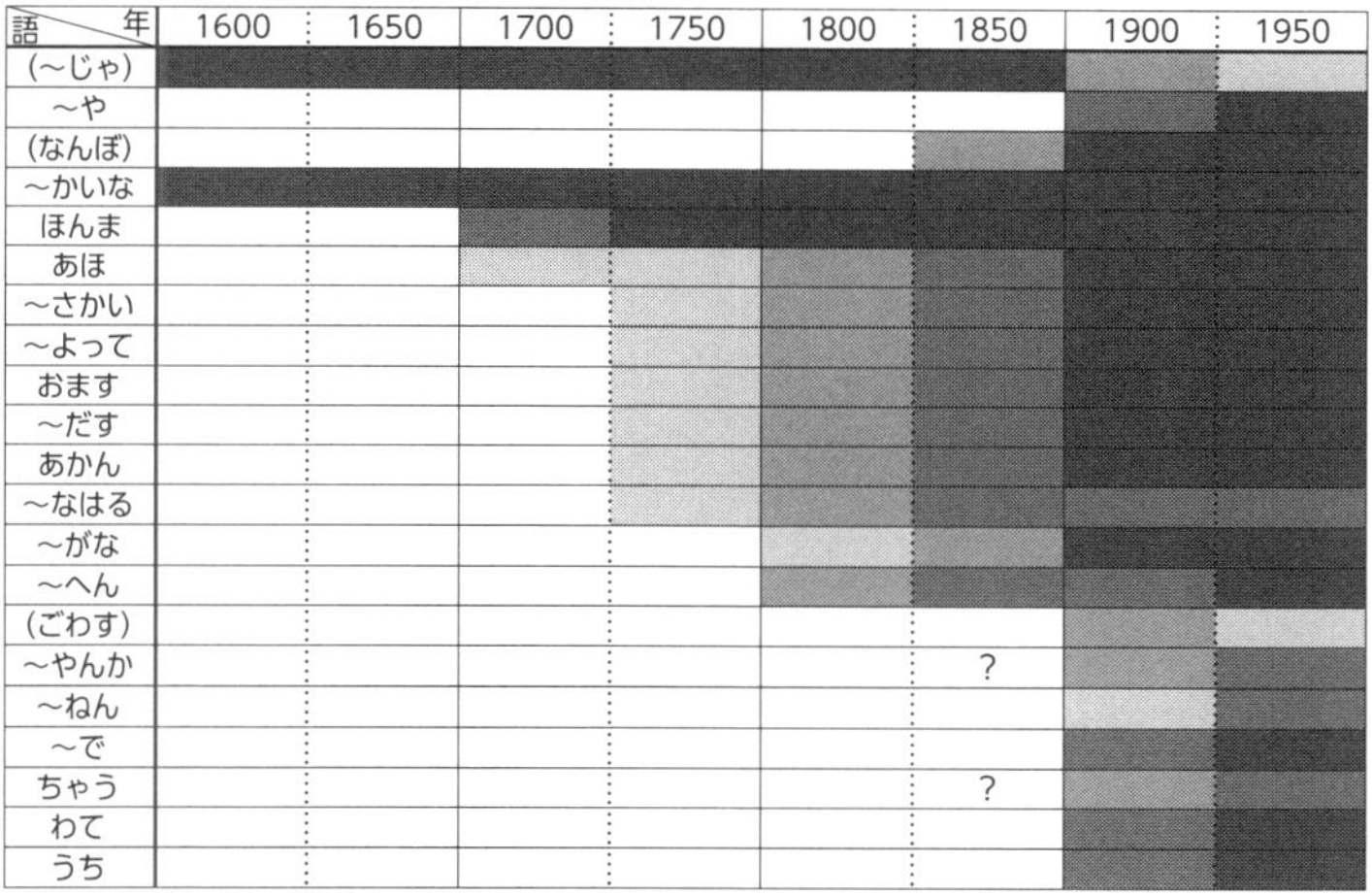

図3　大阪弁に特徴的な語彙・語法の始まり試案（金水敏氏作成）
必ずしも大阪特有ではなく、他の方言でも多く使われている言葉は（　）に入れて表示した。色が濃いほど使用頻度が高い。

金水　で、一般的にコテコテの大阪弁だと思われている言葉は、二十世紀に入ってから使われ始めたと思って、まず間違いない。その土台がつくられたのが大大阪時代です。

コテコテは減少傾向か

仲野　それが第二のブームとして、じゃ、第三のウェーブというのは？

金水　だいたい一九六〇年ごろだといわれています。ラジオドラマの「お父さんはお人好し」なんかで浪花千栄子《なにわちえこ》が活躍したころです。もう少し後には「番頭はんと丁稚《でっち》どん」なんかがテレビドラマで出てきて。

仲野　「てなもんや三度笠」とかも、そうですよね。われわれが子どものころです。

金水　そのころ活躍した芸人さんは戦前の芸人言葉を受け継いだ人たちなんですが、その後に出てくるやすし・きよしあたりはさらに次の世代で、芸人言葉もだんだんと切り替わっていきます。

でも、東京に進出した関西の芸人さんたちには、わざと古い関西弁を使おうとした形跡があって。そのへんのことは、朝日放送のディレクターだった松本修さんの『どんくさいおかんがキレるみたいな。——方言が標準語になるまで』（新潮文庫）という本に詳しく書いてあります。

仲野　松本さんは「探偵！　ナイトスクープ」という、関西では知らぬ人のない超人気の番組を立ち上げた人ですね。

金水　その本によると、七〇年代から東京のラジオでディスクジョッキーをしていた笑福《しょうふく》亭鶴光《ていつるこ》さんなんかは、わざと芸人言葉や古い大阪弁を使っていたと。そういう影響で、大大阪時代に由来するコテコテの大阪弁を一般的な大阪弁として認識するようになった人は、けっこう多いと思います。

とはいえ、やすし・きよしの時代に限らず、芸人言葉は日々、新しくなっています。たとえば「おかん」なんかは、ダウンタウンあたりが使ったことで知られるようになった言

葉です。

仲野　そうやって芸人さんを通じて全国区になっていく方言がある一方で、廃《すた》れてしまった言葉もけっこうあるように思います。子どものころ、ですから、四、五十年前には、うちの祖母のことを「ご寮《りょん》さん」って呼ぶ人がまだいてましたけど、近ごろはまったく聞きません。

金水　ご寮さんは、商家の奥様といった意味です。娘のことは「いとさん」、二番目の娘のことは「こいとさん」と言ったりもしました。

仲野　こいとさんが短くなると「こいさん」。「月の法善寺横丁」（＊１）の世界ですね。

金水　「こいさんのラブ・コール」なんて歌もありました。

仲野　そういえば、僕のこと「ぼんさん」って呼んでくれるおっちゃんもいてたな。

金水　二番目以降になると「こぼんちゃん」。

仲野　ぼんさんはええしの子っちゅう意味で……「ええしの子」も死語か。

金水　ぼんぼんの子どもってことですね。

仲野　言葉の移り変わりって速いですね。**たった五十年で死語になってしまうものがある**んですから。

金水　大阪市内は空襲でかなりの打撃を受けていて、船場なんかは戦後になると住む人が

ほとんどいなくなってしまった。そのために、船場・島之内を中心とした古い言葉が劇的に変わった面はあると思います。ご寮さんやぼんさんが廃《すた》れたのも、そういう流れが関係してるんじゃないでしょうか。

仲野　『難波金融伝』のミナミの帝王・萬田銀次郎みたいなむっちゃガラの悪いおっさんの役割語というのは、どのあたりからきてるんですか？

金水　おそらく、今東光《こんとうこう》の『悪名』や『こつまなんきん』みたいな、暴力とお色気のどぎつい色彩を強調した河内ものの影響だろうと思います。

それと、大大阪時代に、阪急電鉄の創設者である小林一三《いちぞう》が利用者を増やすために沿線に住宅地を造って、これが芦屋のような高級住宅街になるんですが、そこに大阪の資産家たちが流入してきたぶん、大阪の南のほうが急速に空洞化して、スラム化するんです。

このスラム化によってリアルな世界に出てきたガラの悪さが作品として描かれると「仁義なき戦い」や「極道の妻《おんな》たち」のような暴力団ものになる。これは必ずしも大阪だけではなく、神戸なんかも含めて、関西では暴力団とのつながりは非常に根深いものがあって、それこそ萬田銀次郎の世界ですよね。そういった作品を通じて全国的に「大阪＝ガラが悪い」というイメージが流布した部分は、確実にあるでしょうね。

仲野　大阪のおばちゃん的なイメージについては？

金水　僕の小学校時代の同級生なんかは、いま会うと完全に大阪のおばちゃんですけど、よう考えたら、子どものころからしゃべり方は変わってない。子どものころからおばちゃんでした。

京都の人は、大阪の人は品がないって言いますけど、あれを見ると、半分は当たってると思わざるをえません。おばちゃん誕生のサイクルはなかなか根深いですから、そう簡単にはなくならないでしょう。

仲野　僕もそう思います。でも最近は、大阪のおばちゃんみたいな大阪弁をしゃべる子どもも少なくなりましたね。二十年くらい前、うちの娘のころなんかはまだコテコテでしたけど、全体としては標準語化がかなり進んでる気がします。

金水　母親は内心、関西弁にコンプレックスがあって、家のなかではわりと標準語的に育てようとするんですよ。そのせいか、関西では子どもがままごとをすると、お母さん役の子が標準語を使う傾向があります。おそらく理想的なお母さんは標準語だってイメージがあるんでしょうね。

仲野　大阪人いうのは、標準語で言われると、つい「上から目線でエラそうにしとんな」と思ってしまいますからね。

金水　そこはやっぱり、アンビバレンツですね。

仲野　憧れと反感が両方あるわけか。

金水　大阪中心部のディープ大阪ではそうでもないんですけど。標準語っぽく話す傾向は北摂や阪神間で強くなるんですが、それでも、仲間内でしゃべるときには地の言葉の力が強いので、そっちに引っ張られる。うちの子らでも、家におるときは標準語風で、学校に行っているときのほうが方言が強くなるという現象が見られます。

仲野　そのうち、ディープ大阪とライト大阪の間の方言格差が広がっていく可能性がありますか。

金水　それは大いにありえますすね。

コレ、チャウチャウチャウ？

金水　いわゆる方言というのは、単語自体が違ったり、音が訛《なま》ってたりするだけじゃなく、言語構造そのものにも明確に地域差があるといわれています。『ものの言いかた西東』（岩波新書）という本を読むとよくわかるのでオススメですよ。

言語構造の違いというのは、具体的には、たとえば朝起きて家族と顔を合わせたときに「おはよう」と言うか言わないか、とか。これって東北では言わないのが普通なんです。

律儀に挨拶するのは関西から東京くらいまでの習慣で、東北へ行くとそんなにしょっちゅう挨拶なんてしないんですね。

大阪だと「おはようさん」と言わないと叱られるし、挨拶言葉がほんまにたくさんあります。「行ってきます（昔は「行って参じます」）」を受けて、ひと昔前までは必ず「おはようお帰り」言うたんですよ。「ごちそうさま」に対しても、ね。

仲野 「よろしゅうおあがり」ですね。「ごちそうさま」に対して「よろしゅうおあがり」は、ちょっと変な感じもするんですけど、東京では言わないですね。

金水 大阪、というか関西じゃ、場面場面での言い方が、いちいち決まっていることが多い。ケンカするときまでそうで、地方によってちょっとずつニュアンスの違いはあるんですが、「なめたら、〇〇するぞ」という発想法が見事に一緒（図4）。

仲野 ほんまや！ これ、めっちゃオモロイ（笑）。

金水 これが東北では、各人本当にバラバラなんですよ。関西みたいに言葉に規則性があると、使いやすいという面はありますよね。「なんでやねん」という定型的なツッコミが全国区になったのも、おそらくそのためでしょう。

仲野 なるほどね。ところで最近、東京の役者さんでも「この人、関西弁めっちゃうまいなぁ」って思うこと、けっこうありませんか？

三重県	おまん／われ、なめたらしょーちせんぞ
滋賀県	われ、何ぬかしとんねん。もっぺん、ゆーてみー。なめとったらあかんぞ
京都府	おまえ、なめとったらいわすぞ
大阪府	おまえ、なめとったらあかんで
兵庫県	おどれ、なめとったらしょーちせんどー
奈良県	このがき、なめとったらいてまうぞ
和歌山県	おんしゃわれ、なめちゃーったしばくぞ

図4　関西におけるケンカの決まり文句（『ものの言いかた西東』より）

金水　以前あったNHKの「カーネーション」という朝ドラで大阪弁の指導をしていた林英世さんという人と懇意にしているんですけど、役者さんによっては非常に苦労されたとおっしゃってました。

仲野　主役の尾野真千子はうまかったですよね。たしか、奈良の人だったかな。でも、関西出身じゃなくても大阪弁の上手な役者さんって、増えてるみたいな感じします。NHKのドラマ「ちかえもん」で近松門左衛門を演じた松尾スズキとか、歌舞伎の市川中車《ちゅうしゃ》（香川照之）とか。

金水　たしかにね。大阪弁の上手な役者さんが増えたのは、普段、テレビなんかで聞く機会が多いのが大きいと思います。

仲野　ところが、そういう大阪弁のうまい

人が、たま～にヘンなアクセントでしゃべると、すっごい気になるんですよ。全体的にヘタなほうが、むしろ気にならない。

金水　それ、ひょっとしてイントネーションのことですか？

仲野　アクセントとイントネーションって、どう違いますのん？

金水　イントネーションは文全体にかかるので、文脈によって変わるんですが、アクセントは単語ごとです。

アクセントのシステムは、東京のほうが明らかに単純で、関西のほうが複雑です。東京だと、「メガネ」は頭の「メ」の直後、「こころ」は真ん中の「こ」の直後で下がるといった感じで、どこで落ちるかだけを決めたら、あとは自動的に決まります。

仲野　大阪だと、「メガネ」は「ガ」で上がりますよね。

金水　関西は「マクド」「インド」みたいに、三文字の言葉では真ん中が高くなるのがけっこう多いんです。それと、大阪のアクセントには「高く始まるか低く始まるか」「どこで落ちるか」の二つのシステムがあって、「お好み焼き」みたいに、低く始まって最後だけちょっと上がる言葉があったりする。これは、東京の人にとってはなかなか発音が難しいと思います（図5）。

仲野　大阪弁がうまいことしゃべれるかどうかは、「チャウチャウチャウンチャウ？」で

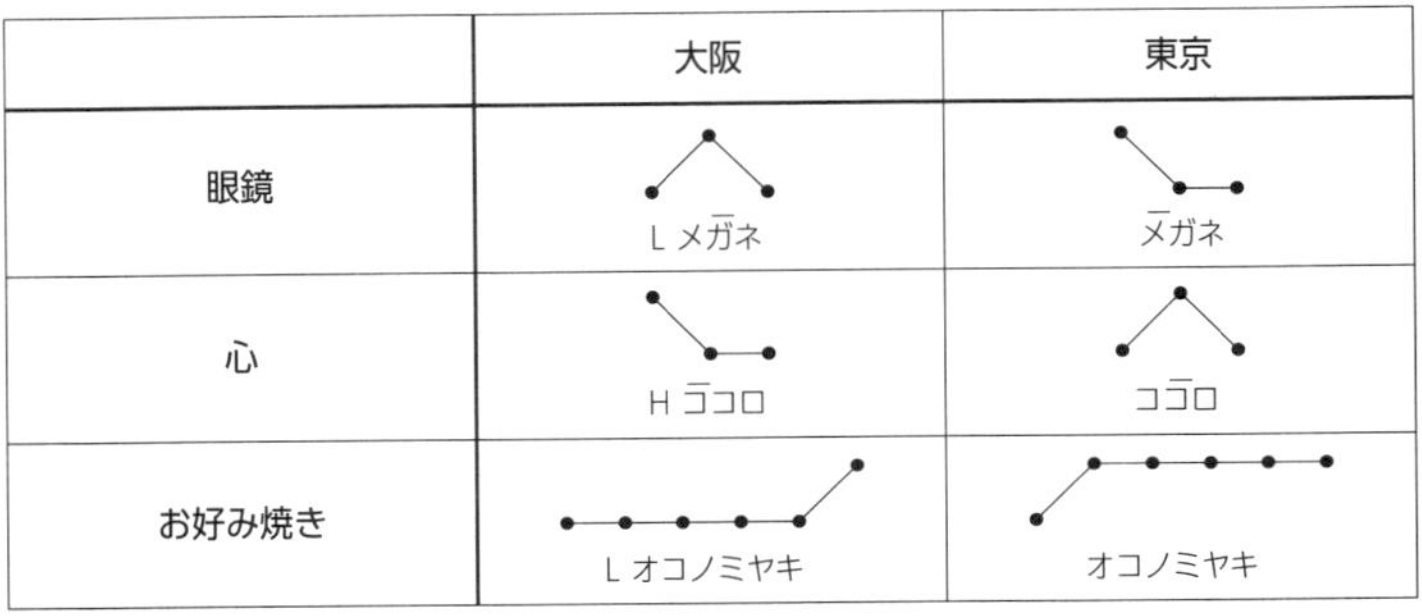

ー（アクセント核）を付した音節は、その音節を高く発音し、その次の音節を下げ、その音節以降を低く発音することを表す。●は名詞の１拍を表す。	大阪アクセントで、Ｌは低く始まってアクセント核または語末の一つ前まで低く発音することを、Ｈは高く始まってアクセント核の位置まで高く発音することを表す。	東京アクセントでは、語頭にアクセント核がないかぎり、語頭を低く始めて、その次の音節以降を（アクセントの核の位置まで）高く発音する。

図５　大阪と東京のアクセント比較

わかるとよう言いますよね。

金水　さっきちょっと話に出た「探偵！ナイトスクープ」という、視聴者のさまざまな依頼に応える番組で、どうしても大阪弁が上達しない地方出身の依頼者に、その極意を教える回で使われたフレーズです。正確には、

コレ、チャウチャウチャウ？

コレ、チャウチャウチャウンチャウ？

というものでした。

仲野　直訳すると「これ、チャウチャウじゃないですか？　これ、チャウチャウじゃないんじゃないですか？」という意味です。

ちなみに、チャウチャウは犬の種類の名前

です。

金水　「コレ、チャウチャウチャウ?」の後に「チャウチャウチャウ」と言った場合の「チャウチャウ」は、「違う違う」の「ちゃうちゃう」になります。これは、かなり高度な大阪弁ですね。アクセントにもイントネーションにもかなり上下動がありますし、高いままか低いままかの言い分けもある。犬の「チャウチャウ」は、高いまま維持しないといけないんですけど、これがまた、東京人には難易度が高い。

仲野　いま、義太夫を習ってるんですけど、東京の人は義太夫の「訛《なま》り」がものすごく難しいと言わはります。いまとはだいぶ違うんでしょうけれど、義太夫の語りはもともと大阪弁だからでしょうね。一方で、僕らが標準語を話すときも、すごい難しいときありますね。

金水　大阪には、標準語をしゃべってるつもりでもバリバリ大阪弁って人もいますし、主義主張で標準語を話さない人もいますよね。

仲野　阪大の総長だった某先生なんかは、英語をしゃべってはっても大阪弁に聞こえるいう、有名な話があるくらいで。

金水　京都の大学の先生も、何をゆうても京都弁になるみたいなとこ、あったみたいですよ。

仲野　昔は、京都の先生は地の人が多かったから。

金水　物理の人なんて、(関西イントネーションで)「ここへ中性子をぶつけてやりますと……」。

仲野　それ、気合い入りませんね〜。

金水　僕の知ってる人でも（関西アクセントで）「ゆーざぁあいでぃ〜（ユーザーＩＤ）」って言う人がいててね。船酔いしそうでしょ。

仲野　気ぃ抜けますわ。こうやって意識して話してると、関西の言葉は標準語に比べてずっと音のアップダウンがあるのがよくわかりますね。標準語は、どの地方の人にも発音しやすくするために、わざと平板にしたという面があるんでしょうか？

金水　江戸の街はいろんな地方のいろんな言葉が行き交う方言雑居地域でしたから、それらが中間化して、わりと単純な言語になったところはあると思います。江戸の人でも、根っからの浄瑠璃ファン、つまり、いまでいう文楽好きは、わざわざサークルをつくって関西弁をしゃべってたんですよ。

仲野　もしかして、それっておしゃれやったからですか？　高度な文化の香りがするというか。

金水　まぁ、そうでしょうね。江戸期の文献を見ると、関西人がエラそうに、しかもやたらと「**江戸の言葉は訛っていて下品だ**」と言ってます。当時は関西弁のほうが上品で、地位も高かったんです。

仲野　さっきの死語の話じゃないですけど、それがいまじゃ、大阪弁独自の語彙がどんど

ん減ってきていて……これもある種の標準語化なんですか？

金水　関西では東京に対抗しようとするモーメントが常に働きますから、完全に標準語化することはないと思いますけどね。芸人文化や、阪神タイガースがあるかぎりは、絶対になくならないはずです。

仲野　阪神は強くなくてもいいんですね？

金水　あればいいんです。それらがあるかぎりは、関西人のセルフアイデンティティも存続しうるので。言葉は、そういうアイデンティティによって成り立ってる部分が大きいと思います。

――あと、大阪弁は、影響力というか、感化する力が強い。大阪に何日かいると口をついて大阪弁が出てきますし、使えるものは使ってみようという気になってくる。なので、簡単には廃れない気がします。

金水　おそらく多くの人が同じことを感じているんじゃないかと思いますが、ここらでちょっと使ってみようと思ってぽろっと出た関西弁を、関西人は手厳しく批判します。

仲野　たしかに、こと方言に関しては、関西人は不寛容！　関西弁原理主義者みたいなもんですよね。

金水　ぽろっと出たタイミングで、われわれの心の扉はピシャッと閉まります。

仲野　関西の子が、家のなかでは標準語に近くても、友だちとは方言でしゃべるというのは、この感化力なるものが影響してるんでしょうか。

金水　大いにあるでしょうね。感化力が強いということは、コミュニケーションやネゴシエーションに、非常に適しているともいえる。口のうまい関西弁の子には、つい説得されてしまいます。

仲野　外国人が関西弁うまいと、ものすごく胡散臭《うさんくさ》い感じしませんか？「外国人は標準語しゃべれよ！」とか、つい思ってしまったりして。これも関西人の不寛容なとこですね。

言葉は変わっていかないと死ぬ

仲野　東京の編集者さんが言うてましたが、戦前の東京が舞台の映画を見ていると、いまの標準語とは全然違う言葉を話している感じがする、と。これは、首都へ大量の人口が流入したことが影響しているのでしょうか？

金水　それはあると思います。そういうこともあって、下町の言葉というのも、だんだん消えていっている。

以前、東京で大学に通っていたころの大先輩に「君、ドイツ語やるかい？」と聞かれた

んですけど、「〜かい?」って言葉も、最近ほとんど使わないですよね。そういう、ちょっと廃れた言葉というのは、面白いことに、吹き替えによく残ってるんです。「やあ、元気かい?」とか、いまどき人と会ってそんな挨拶する人、いないのにね。

仲野 外国の通販の吹き替えとか、顕著ですよね。

金水 「やぁメアリー、何をやっているんだい?」「あらジョン、ちょっとこれ見て。すごいでしょう?」

仲野 あれは何の役割語なんですかね?

金水 役割語というか翻訳調で、翻訳調には古くさい言葉が不思議と残ってる。いずれにしても、言葉はいろいろな場所、いろいろな契機で変わっていくものではあります。それはテレビでも映画でも、東京でも大阪でもどの地域でも同じです。

仲野 どう変わっていくかは、予見できない?

金水 予見はできないんですが、ひとついえるのは、**大阪弁は常に新陳代謝を繰り返していて、古い言葉が廃れても、代わりに新しい、生き生きとした言葉が生まれ続けている**ということです。沖縄などは、伝統的な琉球語を話す人の大半が七十歳以上であるために、方言がどんどん消えつつあって、ここ十年くらいでほぼ死滅してしまう危惧さえある。一方で、大阪弁は、年配の方を中心に「昔の言葉が損なわれてしまった」「芸人によって汚

されている」と言われながらも、生まれ変わり続けている。変わっていけるのは言葉に命があるからで、言葉は変わっていかないと死んでしまうものなんです。

東北の青森なんかでは、案外、方言コミュニティが残っていて、そういうところにはたいていお祭りがある。地域の祭礼があると、方言は使われ続けるんですよ。そういったことを背景に、方言の強い地域と弱い地域がそれぞれあるんですが、関西弁は強くて、かつ全国区だという独自の力があるので、これからも注目していくと面白いんじゃないかなと思います。

仲野　ありがとうございます。ええ勉強させてもらいました。

＊1　演歌歌手の藤島桓夫《たけお》(一九二七―一九九四)によるヒットソング。

3

花街　華やかりしころを聞く

西川梅十三

西川梅十三

●

にしかわ・うめとみ
18歳から大阪・北新地でお座敷に上がる。
大阪の花街の全盛期、名妓として活躍。

「芸者さんとお座敷遊び」、なんともくすぐられる言葉ではありませんか。しかし、悲しいかな、経験はほとんどございません。まぁ、お金持ちの知り合いに連れて行ってもらうしか縁がないのですから、いたしかたないことです。それでも京都と金沢で行ったことはあるのですが、地元・大阪には、そのようなものはもはや存在しないと思っておりました。

大阪の生き字引、この連載の第一回対談相手の髙島幸次先生によりますと、かつては大阪の花街もたいそう賑わっていたそうです。その髙島先生にご紹介いただいたのが、今回の対談相手、大阪は北新地、元芸妓で名妓と噂された西川梅十三《うめとみ》さんです。

それまでにも何度かお目にかかったことがあったのですが、対談の一カ月ほど前、梅十三さんのお世話で「最初で最後の芸者さん遊び@大阪」というのを催し、十数人でお座敷遊びをさせてもらう機会がありました。そして、古き良き時代の大阪の〝お座敷文化〟を堪能でき、一同大感激したのであります。

ちなみに、その一同には、髙島先生と、第二回対談相手の国語学者・金水敏先生も含まれておりまして、どんだけ半径のせまい連載対談なんでしょう……。

それはさておき、今回は、大阪の花街が賑やかだったころのお話をあれやこれやとおうかがいしました。梅十三さんのきれいで上品な話し言葉がうまく伝わったら、とってもう

れしいんですけど。

大阪花柳界事情

仲野　大阪の花街といったら、梅十三さんがおられた北新地、それから、堀江、新町、南（南地）の四つだと思うんですが、芸妓さんっていま、全部でどれくらいおられるものなんですか？

梅十三　新町、堀江は、誰もいてはらしまへん。北の新地と南を合わせて一〇人くらいでんな。北の新地のことは、以前、講演先の方がいろいろ調べてくださった「『古き北新地』語る」という資料に詳しく書いてあります。

仲野　「堂島新地の誕生↓曽根崎新地の誕生↓蜆川《しじみがわ》消滅による一本化↓高度成長期にお茶屋の街からバー・クラブの街へ変身」とありますね。蜆川って、近松の『曽根崎心中』や『心中天網島』の文楽に出てくる、心中の似合う川ですね。蜆川が消滅というのは、たしか、火事で埋め立てられたんですよね。

梅十三　北の新地は三べんくらい、火事におうとりますねん。天満火事、いいますねん。そのときには、空心町《くうしんちょう》ゆうて、いまの帝国ホテルのあるあたりから桜橋のほうまで、ずっと燃えて。

仲野　明治の終わりくらいにあった、キタの大火のことですね。それにしても、帝国ホテルから桜橋までといったら、直線距離にして二、三キロはあると思います。ずいぶん焼けたんですね。それをきっかけに曽根崎新地と堂島新地の二つの遊興地が一本化され、いわゆる北新地が誕生したという感じでしょうか。さらに高度成長期にはお茶屋の街からバー・クラブの街へと姿を変えていったと。

ところで、梅十三さんは、いつからお座敷に上がってはったんですか？

梅十三　昭和二十八（一九五三）年から。

仲野　おいくつのときから……って聞いたら、歳わかってしまいますけど。

梅十三　ホントは十六。それを少し、ごまかして。当時は、いちおう十八歳じゃないと、

お座敷に出られなかったんです。でも、見習いしてたから「十六でも出たらええ」言われて、中学校卒業してすぐに出てました。通ってたのは、弥栄《やさか》中学校いうてね。

仲野 京都の八坂神社のそばの？ でも、初めてのお座敷は大阪なんですよね。

梅十三 踊りの師匠が、北の新地のお師匠さんやったんです。戦争で焼き出されて京都へ疎開しはったんですが、京都へ何年か住んではった間に戦争が終わって、すぐにお稽古、再開しはって。そこへ習いに行ってたんですけど、お師匠さんが大阪へ帰らはるってときに、「京都は何年か奉公もせんならんし、きびしいえ」と言われて。

仲野 大阪と京都では、舞妓さんや芸妓さんになるシステムが違うんですか。

梅十三 京都はまず、何年か奉公せんとあきまへん。

仲野 奉公というと……。

梅十三 お茶屋さんでの修業です。京都は、奉公して舞妓さんから始めないと、位《くらい》が上がらない。芸妓さんから、となると、格が下になる。昔は大阪にも舞妓さんがあって、大阪の舞妓さんいう独特の髪型もあって。私、京都も大阪も、両方してました。

仲野 舞妓さんは、どれくらいの間やったはったんですか？

梅十三 三年。それで、やっとホントの歳が言えるようになって。

仲野 その時分、北新地の芸妓さんって何人くらいいてはったんです？

梅十三　三〇〇人はいました。

仲野　へえ〜。いまと、えらい違いですね。

新幹線ができて、人が減った

仲野　自分が芸妓だということは、どこかに届け出たり、登録したりする必要があるものなんですか？

梅十三　どこかしらお店に所属するんです。北の新地には、戦前から大西席と平田席、それから戦後になってできた富田《とんだ》、北店《きたみせ》いうて、四つほどありました。

このころは、自分の家から来る人やら、所属してるとこで寝泊まりさせてもろてはる人やら、いろいろで。先に前借させてもろて、徐々に返していく芸妓さんもいてはりました。いまは、置屋に住み込むということはありません。住むところも、着物も、何もかも自分自身で用意します。

私は見たことないんですけど、うっとこ（うちのところ＝北新地）の歌舞練場《かぶれんじょう》は、もう欄間《らんま》から何から、すごかったそうです。第一、第二、第三と貴賓室もあって。それが、昭和二十（一九四五）年の大阪大空襲のときに燃えてしまって。昔は四つの花街がそれぞれに歌舞練

場を持ってて、新町には戦後もありました。

仲野　それぞれの花街が歌舞練場を持てるってことは、それだけ羽振りがよかったってことですよね。

梅十三　またお客さんが、あんじょう（うまいこと）建ててくれはったんちゃいますか？

仲野　そのために旦那衆が寄付を募るなんてことも、あったんでしょうね。

梅十三　そうやって交流するのも、昔は商売のうちでしたからね。大阪はお商売の街やから、お客さんも、仕事が終わってすぐにお茶屋さんへお見えになります。頭のなか、まだ仕事ですやん。それやから、最初からわーわー言うたら、怒られました。

仲野　仕事の延長というか、付き合いで来ることのほうが多かったのか。それでもうらやましいなぁ。

　先日、ちょうど梅十三さんと、お座敷遊びをさせていただいたばっかりで。本当に楽しかったんですけども、**お姐さん方が、その、みなさんご高齢で……。**大阪に芸妓さんがようさんいたはって華やいでたのは、いつごろまでの話ですか？

梅十三　新幹線ができて（一九六四年）、大阪万博（一九七〇年）が終わったあたりから、数がどんどこどんどこ下がってきたんです。昔は東京から来てた人は、みんな泊まらはったのに、新幹線ができてからは、二次会まで遊んでくれはる人がみんなお帰りになります。

仲野　最近できた北陸新幹線が、金沢に同じような現象をもたらしてしまうかもしれませんね。

梅十三　そうですやろな。けど、大阪と違って、金沢は遊びの街だから。それに、市や地元の芸妓さんが一緒になって、お座敷を観光の目玉にしてくれてはるみたいです。観光という意味では、京都もそうですよ。花柳界は京都と金沢では残ると思います。東京の花柳界がしんどいのも、お商売の街やからでしょうね。

お座敷遊び、あれこれ

仲野　先ほどの資料によると、北新地は、高度経済成長期には、お座敷の街からバーやクラブの街へと移っていったということでしたけど。

梅十三　当時、大阪のお客様たちがよく行かれる会員制のクラブとかができてきて。靴脱がんでもすむからええいうのが、大きかったと思います。**クラブ行きはったら、私らのとこいるときと違って、お客さんの顔がデレッとしてはる**(笑)。

仲野　昔は、それこそ〝旦那芸〟を磨きに、お座敷に通ってる人もいたはったんでしょう?

梅十三　そやから私らは、お客様がお遊びなさる、そのお相手ができんといかんのです。

仲野　先日、お座敷に来てもらったお姐さんたちも、唄や踊り、三味線まで、ほんとにお上手でしたよね。話も面白いし、参加者一同、えらい感心してました。

梅十三　「ようしません」と座ってたら、次から呼んでもらわれへんし、「勉強しときなはれ！」って怒られますし。ある会社の常務さんは、歌舞伎がかかったら、いつも「行っといでや」言うてくれはって。おかげで、歌舞伎はずーっと見させてもろてました。

仲野　それも、ある意味勉強ですね。

梅十三　そのお客さん、お能もすごくお上手でね。これが本当の旦那衆です。

仲野　僕らのお座敷に一人、某会社の三代目のオーナー社長さんが来てはって、お姐さんと「お久しぶりです」とか挨拶したはったんですよ。さすがは社長やなぁと聞いてみたら、その人の家では、正月二日は、家族でお茶屋さんへ行くのが年中行事やったらしいんです。周りに座ってた庶民たちはみんなびっくりしてたんですが、ええし（良家）の家は、みんなそうやったらしいですね。

梅十三　私たちがお客様のお宅へ行くこともあったんです。その代わり、そこでは奥様は一切出て来はらしません。お客様がお帰りになってから、奥様が出てみえて、ご苦労さんとお声をかけていただきます。

仲野　宴会のときは、子どもは連れていってもかまわない？

図6　北新地演舞場

梅十三　子どもさんは、ある程度の歳になったら、「世の中出たら、こうせないかん」という経験を積む意味で。

仲野　そこである種、文化の継承がなされてたという感じがしますね。実際に経験してみてわかりましたけど、お座敷で飲むのって微妙な緊張感があるから、そういう素養を若いころからある程度積んでおかないと、うまいこと遊べないのかもしれんですね。

　でも、お座敷遊びは、どれも面白かったなぁ。「金毘羅船々《こんぴらふねふね》」(＊1)とかね。

梅十三　「とらとら」(＊2)とか、ああいうのが、いっぱいありますね。どれも、いうなれば悪酔いせんようにするための遊びで、お酒ばっかり飲んではったら体に悪いから、健康のために発散していただくんです。

仲野　芸妓さんたちがお座敷で披露する芸というと、唄と踊りと三味線と……。
梅十三　お囃子《はやし》。
仲野　どれも、一通り練習しはるんですか？
梅十三　何もかもってわけじゃないんです。踊りだけしかできない人もいてるし。
仲野　梅十三さんは、踊りがメインですよね。こないだは、太鼓も叩いてはりましたけど。
梅十三　お囃子はやれます。お囃子というのは、踊りの間をよくするもので、お三味線を聞く耳を持たな打てないんです。
仲野　じゃぁ、お囃子は踊りの練習にもなるわけですね。芸事の練習はどれくらいしてはったんですか？
梅十三　朝は十時くらいから、それ踊り、それお囃子、それ何々って、ずっとお稽古でした。
仲野　うわ、大変ですね。でも、それだけ練習しても、うまいへたはあるでしょうから、芸妓さんのなかにもランクみたいなものがあったんですか？
梅十三　そりゃ、なんぼ踊っても、安い人もあるわね。
仲野　その値段は、誰が決めますのん？
梅十三　お茶屋さんがいろいろと。踊りの上手な子に来てもらえたら、自分のとこの格もようなるし。

お金の問題

仲野（隣の編集者が）こんな質問は大変アレなんですが、収入はどれくらいだったんですか？って東京から来てるのに、大阪人みたいなこと聞きますね。

梅十三 お花（お花代。芸妓さんをお座敷へ呼ぶための料金のこと）とは別に、ご祝儀もありましたから。

仲野 それ、いつごろの話ですか？

梅十三 いまから二十年か、三十年くらい前。ご祝儀というものは、お茶屋さんがお立替ということで、お立替には税金つかなかったんです。

仲野 うわ、それはすごいなぁ。しかし、ご祝儀までお茶屋さん経由でもらうんですか？

梅十三 お客さんから直払いなんて、絶対したらあきまへん。ご祝儀も、お年玉かて、お茶屋さんがお立替してるんです。そのうち、お立替にも税金がかかるようになってからは、もうお花だけになりましたけど。

仲野 そういったお金やりとりシステムの問題は、花柳界衰退の理由のひとつかもしれませんね。あとは、やっぱりクラブの出現がかなりの痛手やったんでしょうね。

梅十三 しかも、お座敷の需要が減って、芸妓さんがずんずんと足らんようになってくると、「クラブの若いのがええ」言うて、着物着たクラブの人を料亭へ呼ばはるようになっ

たんです。

仲野　クラブから来たオネーサンは、芸はしゃぁへんわけでしょ？

梅十三　何もしません。お酒ついで、お話しして、踊りは私らがやって。でも、お座敷手伝うてくれと言われるのは、着物から何までみんな気を遣うから、クラブ側としては、かえって高くつくんですけどね。

ウソみたいなホントの話

仲野　そもそも、芸妓さんになろうと思わはったきっかけは？

梅十三　うちは素人でありながら、家の場所の関係で花柳界のなかに住んでたんです。それで、九つのときからずっと芸妓さんに憧れて。

小学校の同級生は、みんなほとんど舞妓さんです。弥栄中学のときは、窓をちょぃと開けたら、赤いお腰（腰巻）が干してあったりね。みんな見えますねんもん、お茶屋さんの物干しが。で、運動会ゆうたら、卒業生の舞妓ちゃんが、みんな応援に来るわけ。

仲野　舞妓さんのかっこうで？

梅十三　いや、お昼やからお稽古着。それでもみんな、頭結うて、ワーッと声援送って。

仲野　「梅十三」というお名前は、どこからついたんですか？

梅十三　私のお姐さんが梅さく姐さんいうので、妹分として、その「梅」をもろて。それと私、昭和十三（一九三八）年二月の十三日生まれなんです。十三は偶然にも字数がいいし、「とみ（富）」で、縁起もいいですしね。

仲野　梅十三さんの言葉はとてもきれいですけど、京都弁なんですか？

梅十三　京都弁と大阪弁と、混ざってます。京都帰ったら「えらい大阪弁やなぁ」って言われて、大阪帰って来たら「京都弁、出てるえ」って言われます。

仲野　いまでも、踊りのお稽古はしてはるんですか？

梅十三　最近、自分のお稽古してへんから、頭ボケる思って、心配なんです。人に教えることばっかりしてるから、とにかく、習うってことをせんと。**せやからいま、踊りじゃなくて、バレエやってます。ええでっせ、すごく。**

仲野　タイツはいて？

梅十三　タイツはいて。仲野先生も健康のためにおいでやす、バレエ。

仲野　考えときます……。現役バリバリのときには、一日どれくらいお座敷に出ていたんですか？

梅十三　料亭さんを、五軒は回ってました。「花外楼《かがいろう》」「つる家」「なだ万」「吉兆」、少し

離れて「さか卯」と、みんな回って、寄せてもろたところによっては「次、下のお部屋へ」なんてこともあって。

仲野 行ったことはないけど、名前だけは知ってるクラスの一流料亭ばっかりですね。

梅十三 私がまだ芸妓さんに出んと、姉のところへ来てたときは、輪タク（＊3）がみな迎えに来てました。そのころは、姉も大阪で、芸妓さんで出てたんですが、うちを育てたいために、やめてしもうて。

仲野 梅十三さん専属のマネージャーになったようなもんですね。

梅十三 その姉がね、裁判所（大阪高裁）の横手のあたりにあった芸妓さんだけのアパートに住んでたんです。

仲野 そ、そんなアパートがあったんですか。なんかすごいですね。覗いてみたいような。

梅十三 上のお姐さんしか入れないアパートで、しかも、みんなそれぞれ旦那さんがあって、その旦那さんも、これというお人ばっかり。ほんで年に一回、みんな寄って宴会しはりまんねん。それも、旦那さんの顔つなぎみたいなもんで。京都から京阪電車でお稽古に来たりなんかすると、姉のいるそのアパートへいつも泊まってたんですが、ジェーン台風って、いつでした？

仲野 ジェーン台風？　いつやったかな。

図7　「吉兆」の湯木貞一氏と梅十三さん（写真右端）

梅十三　たしか昭和二十五（一九五〇）年かそこらへんの、八月か九月だったと思うんですけど、そのときもアパートに泊まってたんです。ちょうど踊りの会がある前やから、みんなお稽古に行ってて、若いお姐さんと二人だけ残ってて。そのお姐さんと、畳上げて、ドアをこう押さえてね。それでも、ぶわーっと風が吹いてきて、大変でした。

　いま弁護士さんの会館（裁判所の通りを挟んですぐ近く）になってるとこ、ありまっしゃろ。あそこは宿替えしはるまでは角のとこが拘置所で、アパートはその斜《はす》かい前でした。アパートの窓にはすだれを吊ってたんですけど、夜になって電気つけたら、すだれというのは部屋で何してるか、外から影でずっと見えますやん。で、あるとき、拘

置所の窓からみんな顔出してわーわー言うてて。見たら、姐たちが衣装脱いだり、替えたり。それで、電気つけるときには気ぃつけてほしいとお達しがあって。

仲野　へたしたら、暴動が起きるから（笑）。

梅十三　でも、言われるまで、なかが見えてるなんて、わからへん。それが、アパートの隣が空地で、遮《さえぎ》るもんが何にもないから、丸見えだったんどすわ。拘置所の窓かて、こんな高い窓やから、見えへんと思ってますやん。ほな、みんな、何かに乗って見てたみたいで。

仲野　芸妓さん専用のアパートの前に拘置所があるなんて、小説に書いてあったら、いかにもフィクションや思いますよね。事実は小説よりも奇なり、ですね。

もう復活は、ない？

仲野　この前、山村若静紀《わかしずき》さんという上方舞のお師匠さんと対談されたとき、簪《かんざし》や櫛《くし》をいっぱい持ってきたはって、すごかったんですけど、着物もきっといっぱい持ったはるんでしょうね？

梅十三　着物も帯も、すごいです。簞笥《たんす》がなにしろ、七つか八つあります。それに、びっしり入って、それでもまだ足らんから、別のケースにもぐわーっと入ってます。なかなか

整理ができないから、娘に「もう、歳考えて」って、怒られまんの。私も「それ、はよ死ね、いうことか？」って言い返してますけど（笑）。

仲野　どこに何が入ってるか、覚えてはりますのん？

梅十三　踊りのもんだけは、みな覚えてます。

仲野　さすが、たいしたもんですねぇ。お座敷じゃ、衣装だけでなく、鬘《かつら》も自前ですか？

梅十三　自前です。

仲野　それじゃ、ずいぶん物入りですね。いくらご祝儀もろても、出ていくぶんも大きいですよね。

梅十三　着物と踊りの会の費用で、みんな出ていきます。踊りの会はね、大阪と東京と、お部屋見舞い（楽屋見舞い）の値段が、大阪は「あ、おおきに」、東京は「いやぁ、おおきに！」ぐらい違います。ただ、生花が来るのが困るんです。東京で大きい花もろたら、大阪へ持っても帰られへんし。もう、お軽いほうが、よろし。そやけど、「お軽いほうが」というても、なかなかわかってくれはれへんから「日銀のマークのついた……」

仲野　そこまで言わんと、わかってもらえませんか。

梅十三　あるお姐さんが、それとなく「お軽いほうが、よろしい」って言わはったことがあって。そしたらお客さんが「軽いのんで、ええのんか？　よっしゃ、わかった」言うて、

いちばん軽い、薄い薄いおせんべ持ってきてくれはったんです。「薄いの探すの、苦労したで～」言うて。東京の有名なおかき屋さんで、ほんまに薄ぅておいしいおかきがあるんです。

仲野　向こうとしては、むちゃくちゃ気を遣って本気で探さはったんでしょうねぇ。気の毒に。でも、もっと身近にあるものでよかったのに。

梅十三　もう、シワが寄ってても、よろしいよね。

仲野　残念ながら、お座敷遊びが大阪で復活するっちゅうことは、もうないでしょうね。

梅十三　第一、地方《じかた》さん（舞踊の音楽を受けもつ人）がいない。地方さんの三味線に合わせてこその踊りですから。

　ある大阪が本社の会社の、いちばん最初の社長さんは、すごく踊りがお上手やったんです。しかも、お芝居やら、よう見てはるから、その真似しはるわけ。「保名《やすな》」って、狂乱した男の人が蝶々につられて出てきはるような踊りを、私らの帯揚げやなんかを病鉢巻《やまいはちまき》にして頭に巻いて、長袴の代わりに浴衣の袖のほうをはいたりして、いつも踊ってはりました。蝶々は紙で作ったのを箒《ほうき》につけて、空中にふわふわ飛ばすんですけど、その蝶々を、いつも「梅十三、お前やれ」って言われて、飛ばしてたんです。その踊りが本当に上手で、面白くて、洒落てました。

仲野　昔は、「とらとら」とかで遊ぶだけじゃなく、自分でも芸ができる旦那さんが多かったんですね。

梅十三　そやから、今度お座敷に呼んでもろたら、踊り教えてあげます。寝てはるだけでよろしいんですとゆう踊りの役もありますから。

仲野　それは、楽しみにしときます。でも、そういう旦那さんって、本当に少なくなったでしょうね？

梅十三　祇園なんかは、若いお客さん、多いですよ。みなさん、舞妓さん連れて顔見世《かおみせ》見に来たり。京都は焼けんと、何もかもみんな残ってるから、文化も残せるんですよ。大阪みたいにみんな焼けてしまっては、それを一からつくり直すなんてムリです。

仲野　いま残っている一〇人そこそこの芸妓さんが引退しはったら……。

梅十三　もう増えません。若い子が出たい言うて、私たちがいくら着物を貸してあげても、家賃が払えるほどには働けない。こちらも、住むとこまでは世話してあげられません。

仲野　じゃぁ、いま芸妓さんになろうと思ったら、京都か金沢くらいしかないということですか？

梅十三　そういうところのほうがいいでしょうけど、名古屋もいま、若い子が、どうにか増えてきてるんですよ。

仲野　名古屋にも花柳界ってあったんですね。当たり前か。それがまた、なんで増えてるんですか？

梅十三　芸妓さんが自分たちで育てる言うて、芸妓さんが自分らで、若い子、抱えてるんです。だから私ら、若いときの着物「置いといても仕方ないから、気ぃ遣わんと使って」言うて、みんな送ってます。

仲野　名古屋では、有志のお姐さん方だけで、後進を育てているわけですか。

梅十三　行政からの支援もなく、芸妓さんだけでやっています。いま、四人か五人はいてはると思うんですよ。だからうち、名古屋って偉いと思いますし、「ええねぇ」言うてます。

仲野　いやぁ、今日は知らん話ばっかりで、面白かったなぁ。いちばんびっくりしたのは、芸妓アパートの話でしたけど。

梅十三　アパートで思い出した。東京なんかでも有名な地方のお姐さんがいてはって、一人住まいやったんですけど、行くとこ行くとこで、火事に遭わはりまんねん。戦争で遭うた以外にも、二、三回、遭うて。そのために、いつも着物のボテ（帯枕）の下に、大事なものみな入れてはったんです。もともと花柳界では、芸妓さんのところに泥棒に入ったらいちばんにボテを持っていけといわれるくらいに、ボテに大事なものを入れるのが多かったんですよ。それで、お客さんもみな、姐さんのボテのことご存じで、それをなぶらはるん

です。

仲野　編集部のお二人さん、「なぶる」ってわかります？　「おちょくる」いう意味の大阪弁です。

梅十三　それが洒落たなぶり方で。「ここ元気か？」って、帯の上からポテのあたりをポンと叩いて、姐さんが元気かどうかじゃなく、後ろが元気かどうかを聞くんです。

そのお姐さんが、東京のお座敷に呼ばれて、どうしても唄いに行かなあかんときがあって。当時はまだ新幹線おませんもんね。でも、夜中に飛ぶ飛行機があったんですよ。大阪でも宴会あるし、夜行列車じゃ時間がないから、結局それに乗らはることになったみたいで、「飛行機、乗らんなりませんねん。怖いでっせ。どうしたらよろしいやろ」って。そしたらお客さんが「大丈夫や」言うて、「その代わり、乗ってからは、ずーっと右足上げて乗ってんねやで。それ、落ちひんマジナイやから」と。ほな、本当にずーっと上げてはったんですって。

図8　踊りの会での梅十三さんの舞姿

仲野　真に受けてしまはったんですね。ま

ぁ、当時はまだ、飛行機での移動が当たり前の時代じゃなかったから、ほんまに怖かったんでしょうね。

梅十三　飛行機で、また思い出しました。あるお茶屋のお母さんが、東京から外国行きはることがあって、わざわざ東京までお見送りに行ったんです。それでうちら、**「送るときには目立つように、電気持って振りますわ」言うて。そしたらお母さんが、飛行機に乗ってから添乗員さんに「みんな送りに来てて、声かけたいから、ちょっとこの窓、開けとくんなはれ」言わはったって。**昔は、そういうこと、何にも知らないような、なぶりの効く人が多かったんです。

仲野　花柳界で純粋培養されたみたいな人が多かったいうことですか？

梅十三　そうそう、花柳界の中しか知らない。いかに外に出てないかってことですね。その代わり、姐さん、みな怖い。ものすごい、怖い。それと、耳がすごくいい。お稽古で、ずっと並んでみんなに三味線の調子取らせてるの聞いてても、「○○さん、調子が悪い」って名指しで怒られます。

仲野　大勢いても、それぞれが出す音をちゃんと聞き分けてはったんですね。

梅十三　横も見んとでっせ。「あの耳は、どんな耳やろ」って、みんな言うてました。

仲野　おもろい話がとめどなく出てきますね。まだまだ聞いていたいんですが、今日はこ

のへんで。ほんま楽しかったです。ありがとうございました。

＊1　民謡「金毘羅船々」を歌いながらする手遊び。

＊2　ジャンケンのように三すくみで勝ち負けを決める遊び。

＊3　正式名称は「銀輪タクシー」。自転車の後部や側面に座席を設けた自転車タクシーのこと。一九四五年から一九五〇年代の半ばにかけて流行した。

4

大阪城へ、ようこそ

北川央

北川　央

●

きたがわ・ひろし
一九六一年大阪府生まれ。大阪城天守閣館長。
専門は織豊期政治史・近世庶民信仰史。
全国城郭管理者協議会会長、
九度山・真田ミュージアム名誉館長。
『大坂城と大坂の陣』（新風書房）、
『なにわの事もゆめの又ゆめ』（関西大学出版部）、
『大阪城ふしぎ発見ウォーク』（フォーラム・A）、
『神と旅する太夫さん』
『近世金毘羅信仰の展開』（以上、岩田書院）
など著作多数。

インバウンド観光客で賑わう大阪城。堺雅人が主役を演じたNHKの大河ドラマ「真田丸」(二〇一六年放送)が佳境に入ったタイミングで、大阪城をめぐるお話を大阪城天守閣館長の北川央《ひろし》さんにおうかがいすることにしました。まぁ、はっきり言って、思いつき行き当たりばったりにプラス便乗企画みたいなもんです。

これまで三回の対談は、聞き手であるナカノの知り合いばかりが相手だったのですが、今回は、初対面の北川さん。いささか緊張していたのでありますが、第一回の対談相手にして対談シリーズの特別顧問(?)である髙島幸次先生がちゃちゃ入れに参加してくださいました。

大阪では、ちょっとおもろいことを言いながら話に割って入ることを、よく「ちゃちゃ入れ」って言いますけど、ほかの地方でも使うんかしらん。一説では、ちゃちゃの語源は秀吉の側室、茶々だそうですから、この対談にぴったりかもしれません。おかげさまをもちまして、むちゃくちゃ面白い内容となりました。

いちばんの訪問客は大阪府民

仲野　いやぁ、今日はけっこう暑いのに、境内ではたくさんの観光客とすれ違いましたね。

高島　境内って、お寺やないんやから。城内、城内。

仲野　失礼しました。その城内から天守閣へ昇るエレベーターも、かなり盛況で。

北川　平日でもすごく行列してしまうんです。二〇一五年がちょうど大坂夏の陣から四百年だったんですが、入場者数は二三〇万人を超えました。

仲野　そんなに入ってるんですか！

北川　二〇一六年は大河ドラマの「真田丸」の影響で、前年に比べてさらに一・二倍くらいのお客さんにお越しいただいております。

高島　ええっと、録音はすでに始まってるんですか？

仲野　始まっております。

高島　じゃ、僕はもう、しゃべることありません。

図9　大阪城天守閣

仲野　また、そんなこと言うて。今回は対談連載四回目なんですけど、前の三回はみんな知り合いばっかりで、初対面の方と対談するのは、実は初めてなんです。なので、保護者として、髙島幸次先生をお連れしました。髙島センセは第一回対談のお相手で、そのときすでに、北川さんのお話は面白いとご推薦くださってまして、今日は楽しみにしてきました。どうぞ、よろしくお願いいたします。

北川　こちらこそ、よろしくお願いいたします。

仲野　いまも少しうかがいましたが、大阪城天守閣のお客さんは、年々右肩上がりで増えているんですか？

北川　一般的に、ハコモノというのはでき

たときにいちばん人が来るといわれていますが、うちは開館した昭和六（一九三一）年が八〇万人で、数年前までは一二〇～一三〇万人がアベレージだったのですが、大阪城天守閣復興八十周年を迎えた平成二十三年くらいから増え始め、大坂冬の陣四百年の平成二十六年からは激増しました。途中、阪神・淡路大震災が起こった平成七年には一度、わずかに百万人を切りましたが、それでも交通が分断されるほどの大災害だったにしては、よく入ったと思います。

仲野　近年は、外国人観光客の増加も著しいのでは？

北川　そうですね。海外からのお客さんで多いのは、一番が韓国、二番が台湾で、長年不動の一位、二位になっています。三位が中国。最近まで中国の方はバスに乗って団体で来られ、天守閣の前で記念撮影して、それで終わり。あとは爆買いに向かわれ、天守閣の中には入られなかったのですが、旅行形態が急速に変化して、個人・家族・グループ旅行が主になり、たくさんの方が入館されるようになってきました。四位がタイ、五位アメリカ、六位オーストラリアと続きます。**国内で最も多いのは、なんといっても大阪府民です。**大阪城天守閣の入館者は日本人と外国人の割合が半々なのですが、その日本人入館者のおよそ二〇パーセントが大阪府民なんです。

仲野　えっ、そうなんですか⁉　かなり意外です。

北川　一般に、大阪の人間は大阪城へは行かないなんてよく言いますが、どこからの観光客よりも、府民が圧倒的に多いんです。

仲野　僕は完全に大阪の人間ですけど、今日みたいに天守閣へ入るのは何年ぶりかなぁ。境内……いや、城内までは、桜や梅を見に、毎年来るんですけど。

北川　天守閣の内部は歴史博物館になっていて、大阪はもちろんのこと、国内の公立博物館としては、有数の歴史を誇ります。当初は大阪の歴史や文化全般を扱う施設としてスタートしましたが、その後大阪市立美術館、大阪市立博物館（現在は大阪歴史博物館）など、いくつもの博物館・美術館が整備されてくる過程で、「豊臣秀吉と大阪城」を専門にする歴史博物館となりました。平成二年からは二カ月に一回、全面的に展示替えをしていて、同じテーマの展示をしたことは一度もありません。そうしたことがよく知られるようになって、リピーターの方が非常に多いんですよ。

大大阪時代に天守閣を再建

仲野　大阪以外の人はほとんどご存じないと思いますが、ここは、大規模な都市計画を打ち立てたことで有名な、かつての大阪市長、關一《せきはじめ》が、天守閣を再建しようと呼びかけた募

金で造られたんですよね。

北川 そうです、そうです。大阪は大正十四（一九二五）年に東京を抜いて人口が日本一となり、「大大阪」と呼ばれました。これを記念する博覧会が大阪毎日新聞社主催、大阪市後援という形で開催されます。第一会場が天王寺公園、第二会場が大阪城で、そのとき天守台の石垣の上に「豊公館《ほうこうかん》」というお城風のパビリオンが建てられました。この「豊公館」のなかで秀吉の遺品や関連資料を展示したところ、爆発的な大人気となり、それなら、臨時のパビリオンではなく常設の施設にすべきではないかという話になって、關さんの提案となったようです。募金総額は一五〇万円で、いまのお金だと六〇〇億から七〇〇億円くらい。市民からの小口の寄付もさることながら、住友吉左衛門さんのような財閥の寄付金が、かなり大きかったようです。

仲野 いまと違って、大きな企業の本社がまだ大阪にあった時代の話ですね。

北川 ただ、天守閣復興の苦労は、お金の問題よりも、むしろ陸軍との折衝のほうにありました。というのも、大阪城は明治維新後に大村益次郎の構想に基づいて日本陸軍が誕生した場所で、その後も大阪鎮台、第四師団司令部が置かれ、第二次大戦時には中部軍司令部が置かれましたから、いわば陸軍の本拠地みたいなところに一般市民が入れる施設を造るなど、軍としてはもってのほかだと。

とはいいつつも、軍にはある思惑があった。当時、第四師団司令部の庁舎には、紀州御殿といって、大坂城が幕末に落城した後、和歌山城の二の丸御殿を移築した建物が使われていたんですが、これを、近代戦にふさわしい庁舎に建て替えたいと思っていたんです。折衝では、大阪市から庁舎建設費用をなんとかして引き出したい陸軍が、天守閣復興を承諾する代わりに、当初は一三〇万円を要求してくるんですが、市は交渉の結果第四師団司令部新庁舎の建設費を八〇万円とし、天守閣の建設費を四七万一〇〇〇円、残りの約二三万円を公園整備費としました。当時の陸軍相手にここまで値切ったのは、たいしたもんやなぁと思います。

仲野　大阪らしい話ですねぇ。戦時中は、陸軍が駐留していても、お城があるから爆撃されなかった、とかいうことはなかったんですか?

北川　いや、もう、むっちゃくちゃされました。陸軍の司令部だけでなく、近くには「東洋一」と謳われた巨大な軍需工場である大阪砲兵工廠《こうしょう》がありましたから、集中攻撃を受けて、古い櫓《やぐら》なんかもたくさん焼失しています。平成七年から九年にかけて実施した天守閣の「平成の大改修」のときにシャチホコを取り外したら、シャチホコにも弾がいっぱい貫通していましたし、天守閣を支える天守台の石垣にも北東と南西の隅に二カ所、一トン爆弾が落ちて、いまも石垣がずれたままになっています。でも、天守閣の建物自体は奇跡的

に残ったんです。

仲野　大阪城の東は、ずいぶん爆撃がひどかったと聞いたことがあります。

髙島　東側はまさに砲兵工廠があった場所で、昔は大阪環状線に乗ったら、その焼け跡がずーっと見えたんですよ。

北川　その光景は、私も車窓からよく見ました。

仲野　あぁ、それなら僕もよく覚えてます。

北川　焼け跡は最終的には跡地にＯＢＰ（大阪ビジネスパーク）ができて、なくなりました。「大阪築城四〇〇年まつり」がおこなわれた昭和五十八年ごろです。

仲野　ＯＢＰは、大阪のキタとミナミに対抗して、いろんなもんをヒガシにも造ろうということになって開発された複合施設です。正直、それほど栄えてないですけど……。その中核施設になってる大阪ツインタワーには、松下幸之助さんにまつわる逸話が残っているそうで。

北川　ツインタワーはパナソニック関連のビルで、松下電器本社の社長室、つまり松下さんの部屋からツインタワーを眺めたときに、二つのビルの間から大阪城天守閣が見えるように建てられたのだといいます。松下さんはまさに「今太閤」で、自分の家を建てるにしても、現天守閣を設計した古川重春さんという人に設計してもらっているんですよ。

徳川さまさまの時代があった⁉

仲野　今日のために少し予習してきたんですが、大阪城に現存している石垣は、すべて江戸時代に造られたものなんだそうですね。全然知らなくて、びっくりしました。でも、ほとんどの人は、秀吉が造ったものだと考えているのでは？

北川　われわれ大阪城天守閣としては、私も含め、さんざん書いたり、講演したり、テレビでも何十回、何百回と語っているんですが、いまだにそういう認識の人が多いんですよね。実際は、**秀吉の大坂城をすべて地中に埋めた後、徳川幕府が北国・西国の大名を六四家動員して、天下普請という形で大工事をおこなった結果できたのが、いまの大阪城**です。二代将軍秀忠が、秀吉が造った大坂城より石垣の高さは二倍にせぇ、堀の深さも二倍にせぇと命じてやった、超大規模事業なのに、いつのまにかすっかり忘れ去られてしまっているんですから、記憶というのは不可解なものです。いくらイメージとして大阪城と秀吉が強く結びついているといっても、日本人のほとんどが忘れてしまうなんて、驚くしかありません。事実はいったいどこまで事実として伝承されていくのか？　私は民俗学という学問の手法に疑問を持ちました。

仲野　大阪人の秀吉好きが、そうさせているところもあるのでは？

北川　それも、実は……。

仲野　も、もしや、都市伝説みたいなもの？

北川　というか、今も昔も一貫して人気があったわけではないんです。たしかに大坂は豊臣家のお膝元でしたから、豊臣家が滅亡した直後は徳川幕府に対する風当たりも強かった。そのため、三代将軍家光は大坂対策を講じる必要があり、永代地子免除《えいだいじしめんじょ》といって、土地にかかる税金をすべて免除するんです。そのやり方が実に巧妙で、まず大坂の有力者を呼び出し、家光が大坂城に出向く旨をあらかじめ伝えて、「乾櫓《いぬいやぐら》に上がって将軍家光が金の采配を振ったら、大坂の町が永代地子免除になるという噂を流せ」と命じる。この噂のおかげで、将軍がやってきたときには、乾櫓が正面に見える高麗橋通りは町人であふれかえったんですが、そういう状況で本当に采配が振られたんですから、効果は絶大です。

　永代地子免除は江戸期に大坂が栄えるいちばんの基礎になったので、徳川家による恩恵を後世まで忘れないようにと、その旨を銘文に刻んだ鐘を造り、一刻（二時間）ごとに打ち鳴らしました。「仁政《じんせい》の鐘」と呼ばれるこの鐘は、現在、もともとあった釣鐘町《つりがねまち》というところに戻されているんですが、要するに、当時は徳川さまさまだったんです。**永代地子免除という餌を与えられたことによって、大坂は豊臣から徳川にコロッとひっくり返った**わけです。

仲野　大阪人ってけっこう現金ですね。

高島　われわれはその血を脈々と受け継いでいます。

仲野　あ、黙ってる言うてたのに、やっぱり出てきた。

北川　再び秀吉人気が高まってくるのは幕府の体制がゆるんできた江戸時代後半になってからで、尊王思想なんかが出てくるのと時期的に重なっています。

仲野　じゃ、講談の「太閤記」や「難波戦記」は、ずっと語り継がれていたわけじゃなく、そのころから人気になったということなんですか？

北川　そうですね。

仲野　難波戦記では、徳川家康が大坂夏の陣で死ぬんですよね。

北川　堺の南宗寺《なんしゆうじ》には、家康のお墓までありますから。本家本元の難波戦記は難波と書いて「なにわ」と読みます。これは、大坂冬の陣、夏の陣を題材にした、わりあいちゃんとした軍記なんですが、「なんば」と読む講談の難波戦記は難波《なにわ》戦記の一種のパロディで、家康が死んだり、豊臣秀頼が死ななかったり、太閤贔屓《びいき》の大阪人にとって都合のいいことばかりが起きる話になっています。

仲野　まぁ、ＳＦみたいなもんですね。徳川幕府が大坂＝秀吉のお膝元というイメージを払拭したいと考えていたとすると、難波戦記なんかは、江戸時代には語るのが禁じられて

いたんでしょうか？

北川 講談みたいなしゃべりの芸は証拠が残らないんで、いわば黙認されていたんですが、本にするのはダメ。本は許可制なんで、出版の許可がおりません。といっても、出版しなければ、チェックがありませんので、筆写本がたくさん作られて、かなりの数の写本が貸本で流通していました。

仲野 それはまた、微妙な政策ですね。

髙島 自分のところで録画したテレビは、何度見てもかめへんでしょ。でも、それを人に貸してお金を取るのはダメっていう、あれと同じ感覚です。

仲野 へぇぇ、面白いもんですね。ちょっとお城の話に戻りますけど、秀吉が造った大坂城は、有名な「大坂夏の陣図屏風」に描かれているみたいに黒かったんですか？

北川 そこは、はっきりとはわからないんです。「大坂夏の陣図屏風」に描かれているのはあくまで大坂夏の陣の時点での天守なので、それが秀吉の築いた天守と同じものだったかどうかは、確定できない。秀吉の大坂城築城と大坂夏の陣の間には慶長の大地震が起きていて、当時の記録を見ても、天守と極楽橋以外はすべての建物が倒壊したとありますので、大坂城はかなりの被害を受けたことは間違いありません。倒れなかったものの、天守も相当傷んだでしょうから、その後、何らかの改修が施された可能性は大いにあります。

仲野　いまの天守閣は、最上階が黒で、下は白ですね。

北川　これは設計者である古川さんが、「大坂夏の陣図屏風」もひとつの資料としながら、いろいろと調査・研究を重ねたうえで、そうされたものです。

大坂城に限らず、一般的に、豊臣の城は黒、徳川の城は白、といったイメージがあって、いろんな出版物でもそういう取り上げられ方がされているんですけど、家康が生まれた三河の岡崎城の天守は黒いし、江戸城も「江戸図屏風」なんかを見ると天守は黒いですから、豊臣＝黒、徳川＝白という単純な図式にはなりません。なのに、そのイメージがあまりにも強いせいか、いまの大阪城の配色は、豊臣の黒と徳川の白を〝折衷〟して造られたと説明する文章が、いつのまにかウィキペディアに書かれて、瞬く間に広がってしまった。でも、実際、二〇〇六年にオーストリアのエッゲンベルグ城というお城で見つかった、秀吉時代の大坂城と城下町を描いた屏風絵にも、いちばん上だけが黒であとは白という天守がちゃんと描かれていますし、その後、新潟で発見された聚楽第《じゅらくてい》の屏風絵でも、聚楽第の天守はやっぱり最上層だけが黒で下は白でした。

エッゲンベルグ城の屏風絵が描かれたころのヨーロッパでは、秀吉はむちゃくちゃ有名人だったんですよ。日本で活動したイエズス会の宣教師たちが日本の様子や政治状況などを書き送った記録は、出版され、ヨーロッパ中に普及しました。そこには当時日本の支配

者であった秀吉のことがたびたび記されています。彼は「皇帝」と表現され、一般庶民からのし上がったという経歴についても詳しく書かれています。

仲野　庶民が皇帝と言われるまでになるなんて、階級制度がきっちりしてたヨーロッパ人にとっては不思議だったでしょうね。

北川　一六六九年にオランダで初版が刊行された『モンタヌス日本誌』は瞬く間に各国語版が出版され、ヨーロッパ人が日本を知る際の基本書となりましたが、この本には、大坂城について、「世界で八番目の不思議が誕生した」と出てくるのです。万里の長城やローマのコロッセウム、ピサの斜塔など、「七不思議」に続く八番目の不思議が誕生したと言われるくらいですから、秀吉だけでなく、大坂城の知名度も大変高かったんです。

「大阪＝太閤さん」イメージの謎

仲野　お城の話でいうと、大河ドラマのタイトルになってる真田丸がどこにあった出城なのかも気になるところです。

北川　真田丸の場所についてはずいぶん前から明星学園の敷地とわかっていて、私もいろんなとこに書いてるんですが……。

図10　真田丸顕彰碑

仲野　え、そうなんですか!?

高島　今年（二〇一六年）、顕彰碑《けんしょうひ》（図10）も建てましたよね。

北川　はい、あの顕彰碑の文章は私が書いたものです。NHKが新たにわかったみたいな番組を放映したり、新聞もそんなふうに書いているので、最近になってやっとわかったと思っている方が多いのかもしれませんけど、実はそうではありません。報道というのは、私らがコメントしたことでも、なかなか言ったとおりに伝えてくれないので、そのまま信用するのは危険です。

仲野　今回の対談はありのまま載りますから、大丈夫です。俗にいう真田の抜け穴なんてものは、実際にあるんですか？

北川　戦前までは、私が確認しただけでも

市内に十数カ所ありましたが、どれも本物とは言いがたいものでした。ところが、最近の「真田丸」ブームで、「ここも抜け穴といわれていた」なんて札が新たに立てられたところもあります。

仲野　ブームというのは恐ろしいですね。

北川　以前、「うちの近所にも真田の抜け穴があるから見に来てくれ」と言われて、生野区のあるお寺へ行ったことがあります。境内には、たしかに穴がある。でも、「これ、どこに出るんですか？」と尋ねて「ここ」と言われたのが、入口からわずか数メートルのとこなんです（笑）。よくよく調べたら、その上にはかつて善光寺堂が建っていて、地下にミニチュアの戒壇巡りがあった。真田の抜け穴と言われていたのはその入口と出口だったんです。けど、そんなものまで真田の抜け穴と言われてしまうんですから、真田幸村の人気は大したもんです。面白いことに、真田の抜け穴のような、大坂の陣の豊臣方に関係する史跡は、江戸時代にはほとんど確認できません。そういうものが出現してくるのは明治以降で、碑なんかを調べてみると、昭和六年の天守閣復興の前後が圧倒的に多い。大阪城天守閣の復興も、当時「大阪城ブーム」「豊臣ブーム」を巻き起こしたらしいんです。

仲野　ええかげんやな〜。天守閣は博物館だけあって、近ごろは大河ドラマの影響で、真田丸や真田信繁（幸村）に関する質問がけっこうあるんじゃないですか？

北川　ものすごくたくさん寄せられています。私は昨年（二〇一五年）度は一年に六〇回近く講演をしたんですが、今年は九九・九パーセント、講演の依頼は真田がテーマです。もともと庶民信仰史も専門なので、大坂の陣四百年を迎えるまでは、大阪城や秀吉をテーマとする講演と、信仰史関係の講演が半々くらいだったんですけどね。熊野が世界遺産になったときは熊野の講演ばっかり頼まれましたから、自分の講演テーマがどこに集中するかで、世の中の流れがよくわかります。

仲野　信仰史がご専門だということですが、大阪城はもともと石山本願寺が建っていたところなんですよね。

北川　最初は大坂御坊という、京都郊外の山科《やましな》にあった本願寺本山の別院みたいな存在だったんですが、そちらが焼き打ちにあってしまい、大坂御坊に本山が移ってくるんです。お寺は、おそらくこの本丸に建っていたんだと思います。

仲野　発掘したら、当時の遺構がいろいろ出てきそうな気がしますが。

北川　たしかにそうなんですが、特別史跡に指定されている関係で、掘り起こすのはなかなか難しくて……。

その指定というのがまた、ちょっとおかしなことになっていて。すでにお話ししましたように、**現大阪城は徳川時代に造られたものなんですが、実際は豊臣大坂城として指定さ**

れているんです。昭和三十四（一九五九）年の大坂城総合学術調査で、地下から豊臣時代の石垣が出てきて、それを機に調査・研究がおこなわれて、現存している石垣が徳川大坂城のものだとわかったんですが、史跡指定はそれ以前だったために、秀吉の城として指定されているんですね。であるなら、文化庁も、徳川大坂城とわかった時点で指定理由を変えればいいと思うんですが、お役所仕事というのは、そんな簡単なことさえできないのが現実です。

ちなみに、地下の石垣が豊臣大坂城のものだとわかったときには、大阪市から事実を公表するのに待ったがかかったんですよ。

仲野 それはまた、どうしてですか？

北川 いまの石垣が徳川製だとわかると、市民がショックで、ばったばったと倒れるから（笑）。

仲野 大阪城に対して、市民はそこまで愛着は感じてないでしょう（笑）。

北川 いやいや、いまは大阪に住んでるといってもよそから来た人が多いけれど、以前はそうではありませんでした。秀吉のころの天守閣を復興しようと呼びかけたら、世界大恐慌の真っ只中でも、いまのお金で何百億も集まるくらいですし、大阪生まれ、大阪育ちの生粋の大阪人にとっては、やっぱり特別な存在です。かく言う私も、その一人です。

仲野 でも、考えてみたら、秀吉が大坂城に住んでたのって、たいして長くないような気

がするんですが。

北川　築城が始まった天正十一（一五八三）年は賤ヶ岳《しずがたけ》の合戦があった年で、それ以後も各地に戦《いくさ》へ出向いてますし、関白になってからは本拠地を京都の聚楽第に移し、朝鮮出兵中は肥前名護屋城にいて、晩年は伏見城で暮らしましたから、大坂城にいた期間はきわめて短いと言えるでしょうね。

髙島　それに比べたら、北川さんが大阪城にいる時間のほうが……。

北川　はるかに長いです（笑）。

仲野　なのに、大阪＝太閤さんというイメージはすごく根強いですよね？　大阪人の秀吉好きにしても、何が根拠になってるんでしょう。

北川　秀吉はもともと名古屋の人ですから、大阪人でもないのにそこまで人気があるのは、たしかにちょっと不思議ですね。

大阪＝太閤さんというイメージは、秀吉が天下統一の拠点として大坂城を築いたというのが、まず大きいですよね。「露と落ち露と消えにし我が身かな　浪花の事も夢のまた夢」という辞世の和歌からは、秀吉は伏見城で亡くなっているのに、大坂城で死んだような印象を受けますし。加えて、大坂城で豊臣家が滅亡していることも、豊臣家は築城から一貫して大坂城に本拠を置いていたような印象を与えています。そうしたもろもろの「思い込

み」「勘違い」が、秀吉と大阪を強力に結びつけているのかもしれませんね。

大阪城は陸軍省のもの？

北川　大阪城では現在、地下にある豊臣大坂城の石垣を遺構として公開するためのプロジェクトが進行中で、「太閤なにわの夢募金」を募っているところなんです。専用サイトも用意していますので、ぜひ多くの人に知っていただきたいですね。

仲野　天守閣復興時の住友財閥くらい寄付してくれるところがあるといいんですけど、いまの大阪の企業には、ちょっと期待できないでしょうね。

北川　本社機能が軒並み東京へ移ってしまってますからね。でも、NHKが東日本大震災を機に直下型地震で東京が壊滅した場合をシミュレートしたところ、大阪局が機能を肩代わりしようにも一週間と持たないことがわかったといいますから、何でも東京に集めるのも問題ですよね。大阪局はこの数年の間に体制を整え、制作機能を向上させたと聞きます。

仲野　そうか、NHKは大阪副首都計画をテストしてくれてるのかもしれませんね。NHKの大阪放送局は大阪城からすぐのところにあって、周辺は大阪の官庁街ですよね。

北川　それは秀吉のとき以来、ずっと続いているんです。江戸時代にも大坂城代や定番《じょうばん》の

屋敷、町奉行所や代官所などがありました。明治維新のときにも新政府によって舎密局《せいみきょく》・造幣局などの新しい施設がいっぱい造られましたし、それこそ、大阪大学医学部のもとになる浪華仮病院があったのも、上本町の大福寺ですよね。

仲野　そうでしたね。そういった新施設が造れるだけの土地があったのは、どうしてなんでしょう?

北川　幕府が崩壊した後、大坂城代屋敷とか、あのへんにあった武家屋敷は全部必要なくなりましたから。幕府崩壊後は警察機構もなくなってしまったので、治安維持が大変やったみたいです。

高島　そのころ、大坂城には庶民がけっこうツアーに来てたんですよね。

北川　略奪ツアーですね(笑)。徳川慶喜は鳥羽・伏見の戦いで敗れた後、わずかな側近を連れて大坂城を脱出して、大坂湾から江戸へ逃れます。その際、残された幕府軍と薩長軍との間で大坂城の無血開城が決まったんですが、これをよしとしない幕臣たちが火を放ち、落城してしまうんです。城内にあっためぼしいものを奪おうと、庶民が焼け跡の大坂城内に押し寄せたんです。

仲野　江戸時代の大坂城の城主というのは、代々将軍だったんですよね。

北川　そうなんですが、実際に入城しているのは、お城が完成したときに将軍だった三代

家光と、一四代家茂、一五代慶喜の三人だけ。家光以降は治世が安定したので、わざわざ京・大坂へ来る必要もなかったんです。**いまの大阪城はほとんどが国有地なんですが、登記上は陸軍省のままになっていて……。**

仲野 ホンマですか⁉

北川 以前、国が回答しているところによれば、それでも問題ないらしいです。

仲野 ここが個人のものだったら、かなりの額の固定資産税がかかって大変でしょうねぇ。ほかのお城に比べて城内もかなり広いように思いますし。

髙島 秀吉のころというのは、もっと広かったんでしょう?

北川 面積的には、いまの特別史跡大坂城跡の七倍くらいでした。南は谷町六丁目のちょっと先、空堀《からほり》通り。西は船場との境に流れる東横堀川までが大坂城の範囲でした。このあたりの町名を見てもらうとわかるんですが、東横堀川の車側（大阪城側）は内平野町、内久宝寺町《うちきゅうほうじまち》のように町名に「内」がついています。これは、この辺りが豊臣時代には大坂城の内側だったからです。

町名といえば、昔は地理的な位置関係がすべて大坂城中心に考えられていたので、町名の後につく丁目の数字は、常にお城に近いほうから一丁目、二丁目となっています。ついでに言うと、お城のすぐそばにある上町の「上」は、当時の空間認識を示しているんですよ。

仲野　上町台地みたいな高いところにあるから上町というのかと思ってました。違うんですか？

北川　江戸時代の大坂の地図は絶対に東が上。それは大坂で最も偉い人がいる大坂城が大坂のまちの東にあるからなんです。船場など江戸時代の大坂の中心部は大坂城から見て西に広がっていました。それに対し上町は大坂城の南に位置したから、地図では上にくる。それで「上町」。

仲野　いま、東が上の地図を作ったらちょっと迷いそうですけど、あったら面白そうですね。大阪城のお土産に作って売ったらどうでしょう。オーストラリア土産の南北逆になってる地図みたいに。最後にお聞きしたいんですが、難攻不落と言われた大坂城が、なんで大坂の陣で攻め落とされてしまったんですか？

北川　一般的に、大坂冬の陣の後に堀を埋めてしまったことが最大の要因と言われますが、堀を埋めたのは冬の陣で豊臣方と幕府との間に講和が成立し、その条件だったからで、翌年に夏の陣が起こるとは考えられていなかったんです。私たちが「なんで堀を埋めたの？」と思うのは歴史の顚末《てんまつ》を知っているからで、講和が成立したということは「もう戦争はしません」という合意が成り立ったということ。直後に戦争が起こるとわかっていたら、堀なんて絶対埋めるはずがありません。

高島　歴史とは、常にそういうものですよね。私たちは何が起きたかを知ったうえで過去を見ているから、つい「なんで？」と思ってしまう。

仲野　豊臣方は、夏の陣が始まったときに、こんなはずじゃなかったと思ったでしょうね。

北川　それが家康のすごさというか、悪辣《あくらつ》さというか、政治的手腕だったんでしょうね。

仲野　考えが甘かったといえばそれまでですが、なんか、釈然としませんねぇ。

今日は知らないことの連続で、期待以上の楽しさでした。ホンマに勉強になりました。本当にありがとうございました。

5

大阪は私鉄王国

黒田一樹

黒田一樹

●

くろだ・いつき
一九七二年北海道生まれ。中小企業診断士、一級販売士などの本業を持ちながら、さまざまな電車に乗り、一乗客としてありのままの鉄道を味わい楽しみ尽くす「鉄道楽者」でもある。著書に『乗らずに死ねるか!』(創元社・二〇一四年)、『すごいぞ! 私鉄王国・関西』(140B・二〇一六年)、鉄道コミック「銀彩の川」(スクウェア・エニックス・二〇一六年)。二〇一七年一月三日逝去。享年四十四。

第五回のゲストは黒田一樹さん。黒田さんは慶應義塾大学文学部（美学専攻）出身の経営コンサルタントです。が、今回の対談内容は、そんなこととは関係なくて、関西の私鉄についてであります。

黒田さんは、日本中の鉄道に乗りたおすだけでなく、世界中の地下鉄にすべて乗るという野望を達成しつつある、行動派の「鉄道楽者」です。その該博《がいはく》な知識には想像を絶するものがあるのですが、そのごく一部を惜しげもなく開陳された『すごいぞ！　私鉄王国・関西』（140B）を出版しておられます。

その本を読んですぐに、担当編集者である大迫力君に、「こんな本売れへんやろぉ」とメールを送った記憶があります。地元である関西の鉄道ファンが全員買ったところで、たいした数にはなるまい、と思ったからです。しかし、幸いなことにその予想は大きくはずれ、地元だけでなく日本中の鉄道ファンの共感を呼び、えらく売れたのであります。

今回の対談には、その大迫力君も同席してくれました。大迫力は「だいはくりょく」ではなくて、「おおさこちから」と読みます。ちなみにペンネームではなくて本名です。どうでもええのですが、念のため。

阪急百貨店うめだ本店にはかつて阪急電車・梅田駅のコンコースを飾っていたシャンデリア四基と建築の大家・伊東忠太《いとうちゅうた》がデザインしたガラスモザイク壁画が移築されたゴージ

ャス感あふれるレストラン「シャンデリアテーブル」があります。鉄道のお話にこれほどふさわしい場所はない、というほどの場所での対談でした。

マイ電車を持っていた男

仲野　今日は、大阪の電車、なかでも私鉄についていろいろうかがっていきたいと思います。黒田さんは東京にお住まいなんですよね？

黒田　そうなんですが、たまたま関西とご縁があって。**特に電車マニアというわけでもないんですけど。**

仲野　いやいや、『すごいぞ！　私鉄王国・関西』には、そうとうマニアックなことが書

いてあったと思うんですけど。

黒田　マニアであることとマニアックであることは、別かなと思っています。

仲野　黒田さんはマニアックだけど、マニアじゃないということですか？

黒田　人よりちょっと電車が好きで、たまに乗りに行っている、くらいの感じです。鉄道趣味というのは、いくら写真を撮っても、模型を集めても、どうやったって車のように所有することはできない。それなら、一乗客として、鉄道をあるがままに、深く楽しもうと。そうした豊かな「パッセンジャー・エクスペリエンス」を多くの人に味わってもらいたくて書いたのが、『すごいぞ!……』なんです。

大迫　乗り鉄や撮り鉄といった、いわゆる鉄道マニア的な発想は、黒田さんの場合ほとんどないですよね。

仲野　なるほどなぁ。世界の富豪のなかには変わった人がいて、電車を集めてるとかいうのがいてたりしないんですか？

黒田　実は一両、持っていたことがあります。

仲野　えっ、黒田さんが!?

黒田　京阪電車の80形という車両です。

仲野　庭かどこかに置いたはったんですか？

黒田　大津にある車庫に置かせてもらっていました。

仲野　個人で車庫に車両を持っていた人って、日本人では黒田さんだけとちゃいますか？

黒田　けっこういるとまでは言えませんけど、保存会があったりもしますし、車両を持つことに血道を上げている方も、なかにはいるんですよ。

大迫　ただ、持っていても、走らせることはできないんですよね。

仲野　整備や点検の必要があるからですか？　あ、それ以前に免許や線路の問題もあるか。

黒田　それももちろんですが、80形の場合、物理的に無理な部分もあります。京阪大津線は、一九九七年に、それまで六〇〇ボルトだった架線電圧が一五〇〇ボルトに上がったんですが、私の電車はそれ以前に走っていた車両なので、いまの線路を走ろうとすると、**パンタグラフを上げた途端に火を噴《ふ》いてしまう。**

仲野　そんな理由があるのか。しかし、いきなりすごい情報ですね。でも、ちょっとした知識があったら、電車にすごく興味が湧きますよね。以前、『すごいぞ!……』の元にもなっている黒田さんの鉄道講座で、京阪電車の回を聞きに行ったんですけど、それがあまりにおもろくて、さっそく京津線《けいしん》に乗りに行ったくらいです。コンパクトやけど力が強いとか、「ヒューン!」というモーター音がいいとか。それもこれも、車両にハイテク技術が駆使されているからなんですよね。

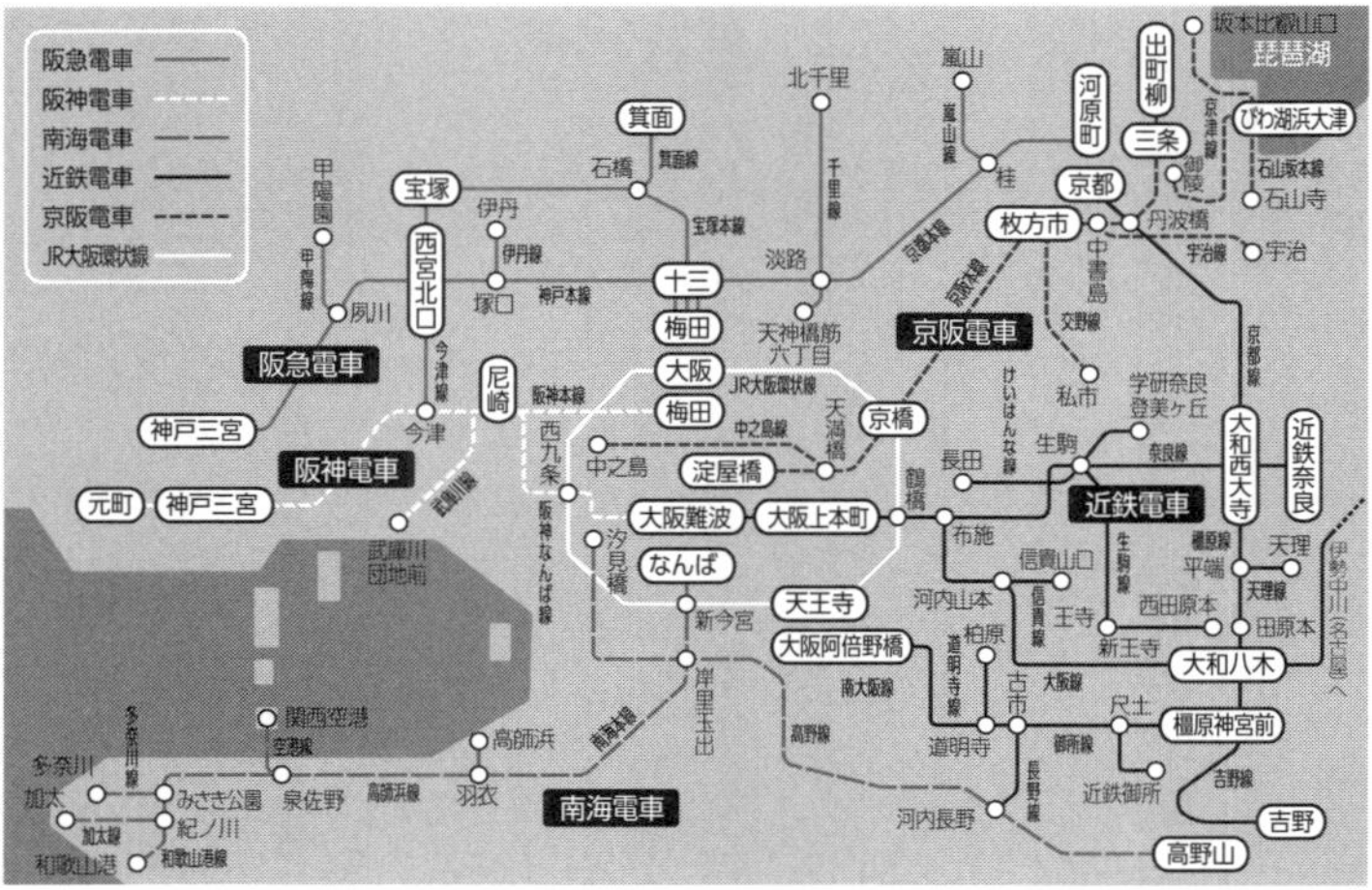

図11　関西私鉄路線図（『すごいぞ！　私鉄王国・関西』をもとに改変）

黒田　京阪は東山や逢坂山といった勾配が非常に大きい場所を通っていること、もともと路面電車だったことなどがあって、大層厳しい線路条件を走らなければならない電車だったために、車両もクオリティの高いものが要求された。80形も名車と呼ばれていました。

仲野　その後、「マイ電車」はどうなったんですか？

黒田　諸事情あって手を離れてしまいましたが、いまもどこかで余生を送っているはずです。

京阪に二階建て車両があるのはなぜか？

仲野　僕はずっと京阪沿線の千林に住んでるんで、やっぱり京阪にいちばん思い入れがあるんです。昔、京都へ通っていたころは、いつもテレビカーに乗ってました。電車の中にテレビが設置してあって見ることができるという。いまはもうなくなってしまいましたけど、代わりに二階建て車両がありますよね。その「ダブルデッカー」は二階に乗って景色を楽しむより、下に乗ったほうが、座ったときに目線より少し上くらいにプラットホームがきて、風景が斬新なんです。**僕から言わせたら、上に乗りたがるのはシロウトです。**

黒田　あれは、「これからは着席通勤の時代や」と考えたお偉いさんが、座席数を増やすために二階建てが造りたいと言い出したんです。お偉いさんの「できるか？」の問いに、当時の車両係長の答えは「理論上はできます」。そしたら、思いがけずゴーサインが出ちゃったという。

仲野　それも、もともとあった車両を切断して、真ん中に二階建てを増築したとか。これって、ひょっとしたら、一から造るより、切って乗せたほうが安くできたりするんですか？

黒田　**高くつくに決まってるでしょう！**

仲野　ですよねぇ（笑）。

黒田　それでも造ったのは、技術力を見せつけるためというか、デモンストレーション的な面もあったと思います。普通、技術というのは効率化や省力化を目指すんですけど、京阪の技術にはどこか「ホレ見てみぃ、オモロイやろ」みたいな〝いちびった〟部分があって、ダブルデッカーなんかはその最たるものです。それと、ダブルデッカーに使われた3000系という特急車両は……これ、書いちゃっていいのかどうかアレなんですけど、設計したのが当時の社長だったんです。

仲野　はぁ、それで簡単にはなくせないと。心が洗われるような話ですね。あと、京阪では座席が昇降する車両（＊1）が有名ですね。五十年ほど前からあるんで、京阪に乗る「おけいはん」たちはみんな知ってますけど、知らない人が見たらびっくりするかも。

黒田　5000系ですね。その5000系を造ったのも件《くだん》の社長です。

仲野　その社長は技術系出身だったんですか？

黒田　そうです。もともと京阪は「進取の気性、技術の京阪」と称される鉄道ですから、かつては技術系の社長が多かった。ただ、技術系の人に経営技術があるとは限らないので、いまはなかなか難しいのかもしれません。京阪のDNAは技術にあるので、個人的にはこれからもその路線を進んでほしいとは思いますね。まぁ、今後どんな方向に進むにしろ、いまある電車をあるがままに楽しむだけです。

味気ない関東の私鉄、個性豊かな関西の私鉄

仲野　関東よりも関西のほうが私鉄のバラエティは豊かなんですか？

黒田　もともと大阪の私鉄は東京と違って相互乗り入れがなく、閉鎖系のシステムだった。そのことが、独特の個性を生んでいます。

大迫　まだまだ個性が残っているという意味では、関西の私鉄は「あるがまま」を味わいやすい？

黒田　それはありますね。ただ、一九九〇年代以降、関西の私鉄は非常に停滞したんです。ひとつは、景気が悪いから。もうひとつは、ＪＲにやられた。

仲野　そのころって、スピードはＪＲのほうが圧倒的に速かったですよね。特に阪神間なんかは。いまは私鉄もかなり追いついてきましたけど。

黒田　けれども、関西の私鉄にはそれに対抗するために設備投資するだけの余力がなかった。同じころ、関東の私鉄では新車をパカパカ入れたりしていたんですけど、関東でも景気が悪いのは同じですから、それまでフルオーダーメードだったのが、セミオーダーメードになった。そのせいで九〇年代や二〇〇〇年代にはあまりにも標準化が進み、経営的には正義でも、趣味的には退屈極まりない車両が多く造られました。

仲野　その時期くらいまでの関西私鉄は、みんな余裕があったんですよね。どこもプロ野球の球団を持ってたし……京阪以外は。そやから、京阪沿線在住者は肩身が狭かったんよ。

大迫　京阪は、**球団は持ってないけど、遊園地はずっと持ってますよね。**

仲野　ひらかたパークね。他の地方の人はご存じないでしょうけれど、ひらかたパーク、略して「ひらパー」といえば、地元・枚方《ひらかた》出身の岡田准一が「超《スーパー》ひらパー兄さん」として、実にしょうもないＣＭをやってて、大人気なんです。

黒田　その意味で、関西は関東より遅れているとも言えるんですが、四十年選手の車両が大手を振って走っているのは、うれしいですね。だいぶ減りはしましたが、五十年選手も平気で走っている。物持ちがいいのは、関西のいいところです。

仲野　京阪はそんなに古いの走ってないように思うんですけど、気のせいですか。

黒田　『すごいぞ！……』の巻末に列車の登場時期を書いた年表があるんですが、少なくなったとはいえ、京阪は一九六四年に登場した２２００系がまだ走っているはず。六四年といえば、先の東京オリンピックの年ですよ。

仲野　へぇ〜。これからは気ぃつけて見るようにしよ。

黒田　近鉄も、８０００系（一九六四年登場）や２４１０系（一九六八年登場）が、まだ現役です。

仲野　関東は、関西と違って相互乗り入れが発達していて、一本の電車がすごく長距離を

図12　京阪電車2400系（1969年登場）

走っていたりしますね。それはそれで便利なんでしょうけど、大阪人としては、一本の電車で遠くの目的地まで行けるっていうのは、どっか味気ないし、メリハリないなぁと思ってしまうんです。

黒田　JR西日本がある意味つまらないのは、そこです。播州赤穂《ばんしゅうあこう》から敦賀《つるが》まで、新快速なら一本で行けるわけでしょう？　クローズドである関西私鉄の世界に対して、JR西日本が民営化以降に持ち込んだのがオープンなアーバンネットワークという概念で、圧倒的な線路網を生かした直通運転を駆使し、関西私鉄とかぶるような京阪神の都市地域の移動を飛躍的にスピーディーかつ便利にしたんです。そして、関西の人々を、その利便性から離れられなくした。

決定的な出来事は、阪神・淡路大震災です。それまでは、阪神間の阪神・阪急沿線の人にとっては、ＪＲなんてあってないようなものだったんですが、震災で、阪急も阪神もＪＲも軒並みダメになってしまったあとでＪＲが真っ先に復旧したものですから、使わないわけにいかなかった。で、使ってみたら、これは便利じゃないかと。そうしたら、阪急・阪神にはもう戻ってこなくなってしまった。**身近で風情もある私鉄に愛着はあるんだけど、使うのは便利で速いほうになってしまったんですね。**

仲野　でも、ＪＲって乗ってても、なんか愛想ないですよね。「今日はええ服着てるから、阪急乗ろうかな」「今日は気持ちがちょっと荒んでるから、阪神でええわ」とか、そういう気持ちになることはあっても、ＪＲに乗りたい気分ってあんまり思いつかへんし。そういえば、本で初めて知ったんですが、京阪、それから阪神は、もともと路面電車からスタートしたんですね。

黒田　阪神は明治時代に日本初の電気鉄道として開業したんですが、電気で走る車（電車）は蒸気機関車が牽引する鉄道（汽車）とは、また別ものだった。当時、鉄道は国の経営で、縄張りもしっかりしていたから、新しく鉄道を建設するとなると、お国に喧嘩売ることになる。それで阪神は、路面電車で建設の免許を申請したんです。

仲野　なんか、えらい大阪的な話ですね。黒田さんの本によると、開業するなり、ダイヤ

の表定速度をばんばんオーバーしていたそうで。

黒田　阪神はスピードキングですから。監査が入って、どういうことだと役人に問われても、「スピードメーターがついてへんから、違反かどうかわかりまへん」。

仲野　肝が据わってるというか、せっこいというか（笑）。

東京の自由が丘駅は、近鉄・大和八木に似ている

仲野　『すごいぞ！……』は、黒田さんが考えた各私鉄を読み解くためのキーワードが素晴らしくいいんですよね（図13）。

大迫　僕は阪神電車沿線の人間なんですが、さっき仲野センセが、阪神は心が荒んだときに乗るものだとおっしゃったみたいな感じで、大阪では、阪神は下町的だとよく言われるんです。

仲野　下町的というか、ちょっとガラ悪いというか。

大迫　まぁまぁ。で、同じ阪神間を走っている電車でも、阪急はハイソというイメージなんですよね。

仲野　実際、そうなんちゃうん？

阪急 「創業者」	私鉄王国・関西において、他の追随を許さないブランドのイメージの雄として、また、鉄道経営の範として存在する阪急電車。その背景には、一種の「阪急イズム」と呼ぶべき思想・哲学があり、阪急イズムの源こそが阪急創業者の小林一三である。
南海 「バロック」	均整と調和へのアンチテーゼとして動的で劇的な表現を追求したバロック芸術同様、南海電車にはダイナミックで都会的な「両極のドラマ」がある。ゴージャスと亜空間、廃線と都市など、緊張感を持った二項対立とその対比が南海の真骨頂だ。
阪神 「スピード」	駅間が非常に短い阪神電車は、開業時から電車を速く走らせることを追求してきた。移動手段としてのスマートさや合理性までを意識した、「電車に乗る」という行為全体を速くしようとするところに、阪神のアイデンティティ見出すことができる。
近鉄 「エキゾチシズム」	日本最大の私鉄たる近鉄の駅や車両には、長距離を走る鉄道ならではの旅気分を高めてくれる雰囲気がある。見慣れない地名が並ぶ行先表示に、不安まじりの期待が押し寄せる――近鉄に乗ると誰もがみな「エトランゼ（異邦人）」になるのだ。
京阪 「名匠」	複々線、通勤冷房車、ロマンスカー、自動転換座席、急行運転、信号機、使用済み乗車券をリサイクルして作ったお香……京阪電車には日本初・関西初・私鉄初の技術がてんこ盛り。手の込んだ匠の技の数々は、数多の電車好きを唸らせる。

図13　関西私鉄を読み解くキーワード（『すごいぞ！　私鉄王国・関西』より抜粋・構成）

大迫　そうなんですけど、そこで注目されているのって、ほとんど沿線にある街のイメージだけじゃないですか。そうじゃなく、車両とか駅とか線路とか、電車にまつわる客観的な部分に着目して、もっとドライに本質的な違いを分析できないかなと思って。そのときに黒田さんが考えてくれたのが、あのキーワードだったんです。

黒田　東京だったら、自由が丘や田園調布のある東急東横線沿線はちょっとおしゃれ、みたいなイメージがありますけど、それを電車の特徴に結びつけるというのは、ひどく安直なんですよね。私は自由が丘の駅を見ると、ヤギを思い出すんですよ。

仲野　ヤギというと？

黒田　近鉄の大和八木《やまとやぎ》です。駅のホームに

は相対式と島式があるんですが、島式は線路の真ん中に、相対式は線路を挟んで、それぞれプラットホームがある。で、ホームの数を面、線路の数を線で表し、○面○線という言い方をするんですけど、八木は地上を走る橿原《かしはら》線が相対式二面二線で、高架を走る大阪線が島式二面四線。一方、自由が丘は地上を走る大井町線が相対式二面二線、高架の東横線が島式二面四線なんです。

仲野　そんなとこで両駅の類似点を見出してるのは、日本中でほとんど黒田さんだけやないですか？

黒田　私の周りの鉄道好きには、**八木は「大和自由が丘」と呼ばれていますけどね。**

仲野　ホンマですか？　八木の人が聞いたら、絶対喜ぶと思います。

黒田　逆に、自由が丘は「武蔵八木」。

大迫　自由が丘の人、喜ぶかなぁ。

仲野　喜ぶも嫌がるも、何のことかわからんでしょう。でも、東横線に憧れる、じゃないけど、阪急に対する憧れは、なんとなくあるなぁ。

黒田　本にも出てくる友人で北畠《きたばたけ》のぼんぼんがいるんですけど、彼には阪急沿線に対する憧れとコンプレックスがあって。

仲野　北畠は大阪市内の高級住宅街ですけどね。

黒田　あのへんは阪急沿線なんかより由緒正しい高級住宅地なんですけど、世間的にはそこがまったく理解されていない。阪急沿線は、なんだかんだ言ってもニュータウンですから、歴史なんてそんなにないんです。

仲野　阪急では、住宅開発当初から沿線＝高級住宅地というイメージづけをしていますよね。

黒田　それが阪急の創業者・小林一三の戦略です。彼はサラリーマンという、それまでになかった新たなアッパーミドルに、北摂での田園生活という、これまたそれまでにないプチブル的な暮らし方を提案した。それの極致が、いま対談している場所にある、かつて阪急梅田駅にあったコンコースの天井画とシャンデリアです。この絵は一見宗教画のように見えますが、実は何の宗教的意味もないｨ。あるとしたら、「阪急教」でしょう。阪急教とは、豪華＝高級という鹿鳴館趣味のこと。まぁ、豪華と高級は決してイコールではありませんけどね。

南海のコーポレートスローガン「愛が、多すぎる」

大迫　阪急のキーワードは「創業者」ですけど、阪急は創業者の小林一三イズムの上に成り立っていると言われれば、たしかになぁと思いますよね。

黒田　ほかの鉄道の創業者なんて、知らないでしょぅ？

仲野　それだけの偉業を残してるということか。やっぱり小林一三は偉かったんやなぁ。阪急はいまだにあの渋い感じのマルーン色（＊2）以外の電車はないですよね。電車の色が一色だけというのは、阪急だけですか？

黒田　だいたいストライプとかの模様が入っていたり、ツートンカラーだったりしますね。

仲野　近鉄の車両の色は、まちまちですよね。

黒田　近鉄には、カラーポリシーはありません。

仲野　そこまでキッパリ……。

大迫　通勤車の「シリーズ21」の展開を見ていても、そんな感じがします。

黒田　今度、特急も、色を変えるんですよ。

仲野　南海の特急ラピートといえば青ですけど、一時期赤いのがありましたよね。

黒田　あれはキャンペーンものなので、もう走ってません。

仲野　そうか、乗ってみたかったなぁ。ラピート、けっこう好きなんです。

大迫　うちの息子も、一歳のうちから、ラピートだけは言えました。

仲野　デザインがすごいから、子どもにとってもインパクトが大きい車両なんやろなぁ。本にありましたが、**南海は「愛が、多すぎる。」というコーポレートスローガン、あれは**

図14　左：特急ラピート、右：特急ラピート乗車時の切符

びっくりしました。電鉄会社として何が言いたいのか、まったく訳がわかりません。

黒田　私も「何だこれは!?」と思いましたが、ここ数年の鉄道各社のコーポレートスローガンのなかでは出色の出来だと思います。

仲野　南海なんば駅の上に建つスイスホテル南海大阪に泊まると、何時に着くか連絡さえしておけば、ラピートのホームまで迎えに来てくれる、というのも本で紹介されてますよね。そのために、一駅手前の新今宮からでもラピートに乗って駅に入りたいとか。

黒田　実はそれ、天下茶屋《てんがちゃや》からやったんです（天下茶屋は新今宮の隣、なんばから二つ目の駅）。普通列車のほうが早く着くので、切符を買う際に「なんで!?」という顔をされました。

で、「いいから売れ！」と（笑）。普段、スイスホテルに泊まるときには、だいたい関西国際空港からなんばへ出るんですが、そのときは京都のほうから向かっていたので、地下鉄の堺筋線から天下茶屋に出て、そこから関空にいるようなフリをしてスイスホテルに電話を入れたんです。ところが電話中に、地下鉄の「ピンポ〜ン♪　駅構内は禁煙です」という構内アナウンスが入ってしまって「やばい、アリバイが崩れる！」と、激しく動揺しました。

仲野　別にバレてもいいじゃないですか。

黒田　「そこまでして迎えに来てほしかったのか」と思われるのが嫌で。

仲野　でも、そこまでして迎えに来てほしかったんやから、しゃぁないですやん。

鉄道を通して見えてくるもの

仲野　南海は、本来なら天下茶屋あたりで阪急と乗り入れをしても不思議はないと思うんですけど。

黒田　**阪急と南海では線路の幅が違うので、話になりません。**

仲野　あぁ、そうなんですか。普通の人はそんなこと知らないから、線路あったらつなが

るやろ、くらいに思ってるんとちゃうかなぁ。

大迫 それ、プラレールの発想ですよ。

黒田 プラレールは統一規格があるからつながるわけですよね。でもプラレールとNゲージはつながらない。実際の電車も同じです。

仲野 説得力あるなぁ。二〇〇九年でしたか、阪神と近鉄が神戸から奈良まで直通運転を始めたけど、阪神の愛用者としては、最初は違和感なかった？

大迫 あれはいつまでたっても慣れないですね。尼崎駅なんかに近鉄電車が停車してると、無理やり停まってる感がある。ホームに比べて車両がでかすぎるんです。

黒田 阪神の中型三ドアと近鉄の大型四ドアが同じ駅を使うのには、どうしてもムリがある。こんなに規格の違う相互乗り入れというのは、ほかでは見たことがありません。しかも、一日二、三本じゃなく、恒常的に走らせているわけでしょう？

仲野 そこまで無理をしないとあかんほどの需要がある気はしませんけどねぇ。

黒田 そこは、やはりJRへの対抗策です。私鉄同士も、少しでもネットワーク化しておかないと、JRのアーバンネットワークとは戦えない。

仲野 阪急の千里線がやってるような、私鉄と地下鉄の直通運転は、今後も増えそうですか？

黒田 私鉄と地下鉄は集電方法も電圧も違うので、いまある乗り入れは例外的なんです。

仲野　線路や車両、集電方法や電圧など、相互乗り入れを実現するためにはクリアしなければならない問題がけっこうあるんですね。

黒田　信号やＡＴＳ（自動列車停止装置）など、システム面での統一も必要です。

仲野　いや～、大変なんや。

黒田　いま、関東ではＪＲと東武がつながっていて、ＪＲ新宿駅で東武の特急スペーシアに乗れるんですね。直通運転にこぎつけるまでにはさんざん苦労があったのに、開通したときに、どちらかの会社のお偉いさんが「線路の幅さえ同じなら、なんとかなるんだね」と言って、関係者一同ガックリきてしまった。

仲野　上の方は大変さが全然わかってないんやな。

大迫　でも、お客さんからしたら、新宿からスペーシアに乗るのがはたしていいことなのか？　って反応もある気がするんですが。

黒田　あれは浅草から乗ってなんぼです。利便性と風情というのは、だいたい相反します。大阪でも、利便性でいえばやっぱりＪＲなんですが、風情はない。

仲野　今度、大阪環状線の車両がこじゃれたデザインに変わる（＊3）みたいなんで、さらに風情がなくなるかもしれないですね。

黒田　国鉄時代は、けっこうあったんですけどね。

仲野　最後に、『すごいぞ!……』は、関西だけでなく、東京でもかなり売れたそうですね。売れた理由を、ご自分ではどう分析されてますか?

黒田　この本は一見、鉄道論なんですけど、鉄道はあくまでもひとつの入り口でしかなく、鉄道というフィルターを通しつつ、美学や芸術的なアプローチも駆使した都市論であり文化論なんです。そこが、ある層には新鮮だったのかもしれないですね。

仲野　地元の人間としては、『すごいぞ!……』は、よく使うとか、沿線の土地勘があるとかいう理由で読むのが面白いと思うんです。実際、僕は京阪から読んだんですが、ほかのも読んでくうちに、「ここ乗りに行きたい!」という気持ちが湧いてくるんですよね。

黒田　これを読んで、各私鉄の諸現象を見ると、「だって京阪だもん」「それは阪急だから」「やっぱ南海だよね」といった実感が、関西の人じゃなくてもおそらく湧いてくるんじゃないかなと思います。

仲野　いやぁ、ほんまにそうです。今日もおもろかった。

大迫　え、終わりですか!?　なんか、ただの雑談だったような気がしないでもないんですけど……こんな話でいいんでしょうか。

黒田　甚だ疑問です。

仲野　大丈夫!　いつものことですからご安心ください。黒田さん、大迫君、ありがとう

ございました。

今回の対談で興味を持たれた方は、ぜひ黒田さんのご本をお読みください。間違いなく、あきれるほどに感心できるはずです。

＊

＊1　ドアが五つある車両で、混雑時には全部のドアが使用される。ところが、すいているときには、そのうち二つのドアの部分の天井から、格納されていた座席が舞い降りてきて座れるようになる。「興味ある人は『京阪×座席昇降』で動画検索してほしいです」（仲野）。

＊2　阪急電車の伝統的な車体色として知られる茶色塗装は「阪急マルーン」と呼ばれている。

＊3　二〇一九年六月八日に新型車両３２３系の全編成の投入が完了した。

6
食の街、大阪を行く！
江弘毅

江 弘毅

●

こう・ひろき
一九五八年大阪府岸和田市生まれ。
編集者、文筆家。
『いっとかなあかん店 大阪』（140B）、
『飲み食い世界一の大阪』
『K氏の大阪弁ブンガク論』（以上、ミシマ社）
など、著作多数。

今回の対談相手は、岸和田出身の編集者・江弘毅さんです。岸和田といえばだんじり祭、江さんも例外ではありません。それどころか、だんじりの若頭から曳行《えいこう》責任者まで務めたほどで、世界でただ一人の「だんじりエディター」の名をほしいままにしておられます。

江さんとは、思想家にして武道家の内田樹《たつる》先生が主宰される「甲南麻雀連盟」で、定期的に卓を囲む仲間です。江さんの麻雀は、ひとことで言うと、うるさい麻雀。ががらの大声で、「いったれ、いったれ！」とか、調子が悪いと「あかん、オレは『こうひろき』とちごて『こうよわき』や」とか、なにしろやかましい。

関西以外の人はご存じないかもしれませんが、『Meets Regional』という情報雑誌があります。江さん自身の『ミーツへの道』（本の雑誌社）に詳しく書かれているように、その雑誌の編集長を経て、いまは「編集集団140B」の編集責任者を務めておられます。ミーツの時代から、食べ物関係の記事も多く、関西の食についてはとても詳しい。そして、うるさい。といっても、単においしさを評価するようなグルメライターとはちょと違います。江さんが作った「街的」という言葉があるのですが、街と食べ物の関係性をとても大事にしている「街的食べ物ライター」といったところでしょうか。

その江さんと大阪の食べ物について、あれやこれやと話をしました。今回は、なんと昼

間から、大阪の黒門市場にあるふぐ料理の老舗《しにせ》「浜藤」でコースを食べながらの対談。ところどころで、いきなり「いただきまーす」とかいう臨場感溢れるコメントが挟まれていたりするのはそのせいです。スンマセン。飲みながらではありましたが、内容は、しごくまじめな内容に終始しました。というか、少なくとも、そのように編集してありますからご安心をば。

知り合いばかりでみんないい人おもろいヤツ

仲野　今日は、やっぱりふぐの話からいきましょか。

江　全国のふぐの五〇～六〇パーセントくらいは、大阪で消費してますからね。岸和田の

図15　黒門市場

ふぐ料理「喜太八」の九十歳を超える親父さんが岸和田藩の殿様やった岡部さんの末裔から聞いた話なんですけど、近代になってふぐをいちばん初めに食べたのは下関じゃなく、神戸やと。廃藩置県になった後、二、三年だけ神戸に住んでた伊藤博文が、食べるのをOKしたらしいですよ。まずは煮こごりと皮の湯引き、どうですか、これ。

仲野　いただきまーす。……うん、おいしい。うれしいなぁ。大阪で消費量が多いとはいえ、ふぐはちょっとしたご馳走という感じがあって、そう頻繁には食べませんからね。

江　僕ら、祭りの集まりじゃ「またか！」ってくらい、冬はふぐしか食わんですね。気ぃ遣う必要ないんですよ。てっちりなんて、

ぼーんて出したらみんな好き好きで食べるから。

仲野　大阪の食べもんの特徴ゆうたら、何ですかね？

江　大阪じゃ、**うまいもんがヒエラルキーになってない。いわゆるB級といわれる食べ物が、うますぎる**んです。

仲野　てっちりもお好み焼きもたこ焼きも、値段の差はあるけど、みんなうまいですもんねぇ。

江　食事する店の形態自体も、フレンチみたいに、レストランがトップで、その下がビストロで……みたいな階層にはなってない。だいたい大阪には、ソムリエとかが給仕してくれるような店って、街場にはあんまりないんです。てっちりみたいに、出してるものは基本的に単純やし。ただ、うどんの出汁とかは、みんなめちゃくちゃこだわってますね。道頓堀の「今井」なんか、ごっつい量の昆布を買い占めて、寝かせて使ってます。わ、これ、めっちゃ味出てますわ。

仲野　いきなり、目の前のてっさの話ですか。でも、ほんまや、めちゃくちゃおいしい。江さんは仕事柄、しょっちゅう「大阪でおいしい店は？」って聞かれはるでしょう？　どない答えはるんですか。

江　人を見て、その人に合わせて勧めてます。仲良うなったら、やっぱり知ってる店に連

図16　「浜藤」のてっちり

れてきますね。自分のコミュニティのなかの店だと、よう知ってるから悪いもんは出せへんし、値段もぼったくれへんやろと。大阪の料理屋とお客の関係性は、「知り合いばかりでみんないい人おもろいヤツ」というのが理想なんです。最上級は、自分とこの嫁はんの実家がごっつええ寿司屋だとか、後輩がフレンチのシェフやっとるとか。僕の場合でいうと、岸和田の五軒屋町でだんじりの後テコ（＊1）やってるヤツの店とか。

仲野　それが江さんの考える「大阪的いい店」っちゅうことなんですね。でもそれって、めちゃくちゃプライベートな関係ですよね。

江　そうなんですけど、だからこそ、こっちの気分とか体調とか、店の仕入れの具合

によって、メニューがカスタマイズできるんです。

仲野 そういう融通が利くから、知り合いの店とか、「あそこ、ええで」って知人に勧められた店って、頼まれなくても誰かを連れて行きたくなるんですよね。

江 ただ、たとえば、うちの実家の近所に新しいうどん屋ができたとして、母親が「おいしい」って言うときは、あんまり信用せえへん。ところが、行きつけの寿司屋の大将が「なかなかうまいで」ゆうたら、これは信用できる。

仲野 なるほど、誰に聞くかが大事なわけか。ゆうても大阪は東京に比べて小さい街やから、グルメ本なんかなくても、口コミでうまい店が見つけられるということもあるんでしょうね。

中学校の校区ごとに味が違う!?

仲野 さっき、道頓堀の「今井」の話が出ましたけど、大阪は、うどん屋さんが多いですよね。東京は、あんまりないでしょ?

江 大阪じゃ、うどん屋に蕎麦の部があるんです。

仲野 そういうことか。大阪で蕎麦屋ゆうたら東京風で、やや高級な店いうイメージがあ

りますね。蕎麦を食べるだけじゃなくて、ちょっと酒も飲もか、いう感じ。大阪のうどん屋では、酒はあまり飲まないですよね。

江 基本、めし屋ですから。

仲野 そばつゆといえば鰹節で、大阪のうどんは昆布の出汁。

江 鰹じゃない節を使うことが多いですね。「黒門さかえ」も、道頓堀の「今井」も、鰹節は使ってません。鰹は、うどんの強さに負けてしまうんです。

仲野 じゃ、何節使うてはりますのん？

江 宗田(*2)、鯖《さば》、鰯《いわし》だと思います。節ゆうても、粉みたいなんですよ。それを煮出して、漉《こ》すんですわ。

仲野 昆布は入れるんですか？

江 入れるところが多いですが、店によって違います。「黒門さかえ」は使ってないですね。

仲野 大阪は焼肉屋も多いですよね。なかでも、鶴橋《つるはし》なんかはずば抜けてますけど。

江 鶴橋に何軒あるか勘定したら、一〇〇メートル四方に三〇軒以上ありました。なかでも人気なのは「空《そら》」。一軒で始まったんやけど、そこがごっつい当たって、隣を借りて、その向かいも借りて、いまじゃ五軒で一軒の店なんです。

仲野 遠くにチェーン店を出すんやなくて、陣地取りみたいに、店舗を拡大していったん

か。がんの病理学でいうと転移じゃなくて浸潤《しんじゅん》やな。
江　それが鶴橋的で、よそに支店を出すっちゅう発想がないんですね。味は確かやから、そうやって店のキャパを大きくしてったほうが、圧倒的に集客力がある。
仲野　お好み焼き屋さんも、もとは多かったけど、いまはずいぶん減りましたよね。正確にゆうと、チェーン店系のお好み焼き屋さんは増えてるけど、地元でようしゃべる世話焼きのおばはんがやってるような店は減ってる。昔は、街中にあったのになぁ。
江　跡取り、おれへんのですよ。
仲野　あぁ、そのせいですか。昔ながらの地元のお好み焼き屋さんって、店によって、焼き方も硬さも味も、まったく違いますよね。
江　中学校の校区ごとに違います。乗せるものとかにも、ものすごいパターンありますわ。ソースは、基本的に「地ソース」やし。
仲野　大阪もですけど、関西って、ソースの種類がむちゃくちゃ多いですよね。
江　神戸だけでも、オリバーソース、ばらソース、ブラザーソースとか。
仲野　うちの近所にも一軒、普通の家みたいなところで作ってるところがありますわ。きっと、あんまり設備がなくても簡単に作れるんでしょうね。その**ソースと一緒で、「地ポン酢」もけっこうありますよね。**

図17　ひれ酒

江　ひろたのぽんず、旭ポンズ……。

仲居さん　そろそろ、やりましょか。

仲野　いよいよ、てっちりですね。

江　お願いします。

仲居さん　お飲み物は、何になさいますか？

江　ひれ酒四つで。ここは、「ひれざけ」と言わずに「ひれしゅ」ゆうんですよ。古い店とかふぐを扱っている魚屋さんなんかは「ひれしゅ」で、消費者が「ひれざけ」ですね。

仲野　お好み焼きっていうたら、近ごろ、コテ使わんとお箸で食べる人、増えましたね。邪道やと思いますけど。あれ、コテかテコかいう議論がありますけど、どっちが正しいんですか？

江　テコですけど、業界用語は「一文字」。

大阪でも、南の人間はテコが多いんですね。

仲野　嘉門タツオの歌にありましたね。コテかテコか悩んでたら、最後に「これは、ヘラ」って。

江　どっちでもええんですよね。そういうことグチャグチャゆうのが、大阪の人間は好きなんです。

仲居さん　ひれ酒です。

江　ありがとうございます。これね、右利きやったらマッチ擦ったあと左手に持ち替えて、右手でひれをじゃぶじゃぶやりながら近づけると、うまいこと火がつきます。鍋は、もうちょいかな。岸和田の漁師曰く、アクが出てまうから、グラグラさせたらあかんのです。ただし、雑炊のときには、一回がーんと沸かします。祭りの役員やったら、偏差値、ごっつ高くなりました。

仲野　ふぐ偏差値ですか。そんなもんあるんですか。でも、岸和田には、なんというても〝ふぐ博士〟と呼ばれるおっちゃんがいてはるんですよね。

江　冒頭の「喜太八」のね。めっちゃおもろいし、ふぐのことなら何でも知ってますよ。聞くところによると、幕末の、先々代のころは、海賊やったらしいです。

仲野　店も、よう流行ってるんでしょ？

江　ミシュランの二つ星を一気に取りましたからね。そしたら、いろんな業者が外国人客向けにってシャンパン売りに来て。せやけど、「ふぐにシャンパンなんて、合いまっかいな」ゆうて、全部断ったらしいです。そこは、身の程を知っているというか、ようわかってはるんですね。

B級グルメは、オープンキッチン&実演販売

仲野　お好み焼きやたこ焼きを「粉もん」ゆうようになったのって、ここ十年くらいですかね？

江　もう二十年以上になりますね。あれはグルメ情報誌とかテレビとかの影響で、本来はそれぞれに違いがあるのに、そうやってひとまとめにしてまうもんやから、理解がすごく浅くなってるんですよ。

仲野　たこ焼き屋も、地場の店は減りましたね。

江　市場や商店街の入り口とかに、昔はようけありましたけどね。あれは、小腹空いたなぁってときに食うもんですね。あとは、北新地でぱーっと飲んだときとか。

仲野　北新地に行くと、高級クラブみたいなとこでも店のオネーチャンに「ちょっと、た

こ焼き買うてきて」とか言うてましたね。最近はとんと行かんからよう知らんけど。

江　自分でも買うて行くんですよ。そんで、ホステスの子に「食え、食え」ゆうんですけど、ほんまは自分が食いたい。

仲野　いま、たこ焼きに合うシャンパンで「たこシャン」いうのもありますね。たしか河内のほうで造ってるはず。でもたこ焼きって、僕ら子どものころは、まだ五個で一〇円とかそこらでした。それが値上げで、四個じゃなく一気に三個に減ったときのショックは、いまだに忘れられません。

江　うちの近所に子ども用のお好み焼き屋があって、卵持ってったら入れてくれるとこあって。そこも、「から焼き」が五円でしたね。

仲野　メリケン粉を薄っぺらく焼いて。

江　そこに鰹節すーっと乗せて、くるくるっと巻いて、ソースをちゅっちゅっと塗ってくれる。

仲野　それだけの食べもんですけど、あれはあれでええんですよねぇ。大阪には一家にひとつ、**たこ焼き器があるという都市伝説がありますけど、うちの家にはありませんわ。**

江　以前、ある記事に「家でたこ焼きって、手巻き寿司ゴッコか！」って書いたことがあるんです。ところがうちの嫁さんがたこ焼き器買うてきて、やってみたら、これがおもろ

い。ハチマキでも巻いたろかぁ思いますよ。

仲野　縁日気分で。

江　そういうもんなんです。大阪の下町のB級な食べ物って、だいたいオープンキッチン&実演販売ですから。たとえば串カツ屋なら、注文したもんを目の前で揚げてくれるの見てるから、出されるまでの間に、もうおいしい口になってまう。串が皿に乗ってぱっと出てくるだけじゃ、なんぼ熱々でも、やっぱちゃうんです。

仲野　大阪のB級うまいもんに、いか焼きがありますね。いか焼きゆうても姿焼きと違って、メリケン粉を出汁でといてイカの切り身をほりこんで、上下が大きい鉄板になってる器具に挟んでジュッと焼くやつ。いか焼き器、でっかいホットサンドメーカーみたい、いうたらわかるかなぁ。

江　あれは桃谷《ももだに》が発祥で、昔は普通にひっくり返して焼いてたんです。

仲野　鉄板の間に挟んで焼いてたら、イカが「きゅうぅん」と鳴く。あれが、ええんです。たこ焼きよりいか焼きのほうが好きなんですけど、いか焼きが東京に進出しないのが不思議でたまらんですね。

寿司と天ぷらは東京、うなぎは……？

江　僕、寿司は東京のがいちばん好きですわ。

仲野　わかる！　あと……。

江・仲野　天ぷら！

仲野　うなぎも、東京のほうがちょっとおいしいかなって思うときあるなぁ。

江　そうですか？　うなぎは北浜の「阿み彦」で、「大阪のほうがうまい！」って目覚めましたわ。

仲野　東京と違って、大阪じゃ蒸さへんから、だいぶ違う食べ物ですね。

江　そやから大阪では、蒸すところは江戸風、あるいは東京風と書いてるところが多いですね。

仲野　編集部のお二人、「半助」ってわかります？

――いえ、なんですか？

仲野　うなぎの頭。東京は切ってから串に刺して蒲焼きにするけど、大阪は一匹まるまるなんで、頭もタレ付きで焼くことになるんです。その焼いた頭だけをうなぎ屋で売ってたんです。本来捨てるもんやから、安いんですよ。タレで味がついた半助を、おばあちゃん

が豆腐と一緒に炊いてました。

江　あれは、うまかった。センセイ、この菊菜、いいですよ。

仲野　ほんまや、うまい。菊菜なんて、昔は嫌いやったんやけどねぇ。絶対、品種改良されたと思います。

江　菊菜もほうれん草も白菜も、いまは全部一代限りのF1品種ですよ。僕、一応農学部ですから、わかるんです。卒論はスイカノツルカレビョウデ……。

仲野　い、いまの、日本語ですか？

江　スイカって三年やると連作障害（つる枯病）があるんですけど、カンピョウにスイカを継ぎ芽（移植）すると、なれへんのですよ。せやけどその年、畑が全部やられて、論文書けな留年やから、急きょ協同組合論書きましたわ。

仲野　なんか、ええかげんな話やなぁ。大阪は、守口大根とか、地の野菜もけっこうあるんですよね。

江　天王寺蕪《かぶら》とか。**野沢菜は、大阪の天王寺蕪を信州に持って帰って植えたら野沢菜になったらしいですよ。**

仲野　門真《かどま》のあたりなんか、昔はレンコン畑ばっかり。門真って京阪沿線なんですけど、大阪からゆうたら鬼門で、人があんま住んでなかったから、レンコン畑がいっぱいあった

んです。地名のついた野菜というと、泉州の水なすとか、八尾の若ごぼうが流通しだしたんは、大阪でもわりと最近ですよね。

江 ごぼうゆうても、土に埋まってる部分を食べるふつうのごぼうとちごて、地上に出てる部分を食べる葉ごぼうね。

仲野 煮つけとかにすると、めちゃくちゃうまい。

江 水なすは貝塚市の澤という海岸部で室町時代に登場した品種です。同じ貝塚には馬場なすゆうのんもあって、丸っこい水なすとは違って、普通のなすみたいな形。合う土地と合わない土地が極端で、農学的には作るのがめちゃくちゃ難しいらしいですよ。

大阪らしいお菓子

江 大阪らしいお菓子いうたら、そら、岸和田の「塩五」の「村雨」（図18）。小豆の蒸し菓子です。

仲野 それ、見たことないなぁ。

江 センセイは摂津、僕は泉州で、国が違うから。あとは、鶯餅《うぐいすもち》ちゃいます？ 高麗橋の「菊屋」の鶯餅は、秀吉が弟の秀長の茶会で名づけたらしいですよ。

図 18　村雨

仲野　秀吉ゆうたら、店の名前を秀吉がつけたという堺の「かん袋」が、日本でいちばん古い和菓子屋だとか、そうじゃないとか。

江　創業は一三〇〇年代っていいますね。堺には、芥子《けし》餅もありますね。

仲野　お茶関係のお菓子なんかな。

江　かもしれませんね。利休や、武野紹鷗《たけのじょうおう》なんかも、堺の出ですから。あとは、船場とかに行くと、そこだけのもんがようけありますよ。ほかにも個別に古い町がありますから、それぞれ探せば、いろいろあると思いますね。

仲野　子どものころに食べていたお菓子は岩おこしとかかなぁ。あと「べろべろ」ゆうのがありました。わらび餅なんやけど、ベロみたいな形になってて。ネーミングが

なかなか渋いでしょ。

江　白と赤がありましたね。

仲野　あった、あった。大阪にはわらび餅の屋台があって、夏はわらび餅屋さん、冬は焼き芋屋さんやってはったんです。そういえば、東京と大阪じゃ、月見団子が違うってよくいいますよね。

江　三方《さんぼう》の上にピラミッド型に積んである、丸くて白いあれですよね。

仲野　「サザエさん」とかのお月見のシーンで、そんなんがよう出てきて、だいたいカツオが盗るんやけど、大阪人にはあれが月見団子に見えへんのですよ。大阪の月見団子は棒状で、真ん中にだけ腹巻みたいにアンコが巻きつけてあるんです。あと、大阪では、あられとおかきとせんべいに、厳密な区別がありますね。せんべいは甘い系。

江　炭酸せんべいとかね。

仲野　ですから、草加せんべいみたいのは、大阪では絶対にせんべいとは言いませんでした。あれは、おかきです。

江　で、ちっこいのがあられ。それと、関東のせんべいは、うるち米使うでしょ？　関西のおかきはもち米です。餅をかいて（割ってあるいは切って）焼くから、おかきゆうんです。

ちくわぶ、関東煮、肉の定義――東西の違い

仲野　しかし、そのうち、そういう言葉の違いもなくなってくるんかもしれませんねぇ。

江　それは、東京も同じでしょう。食いもんに関しては、東京よりも大阪のほうが変わってないと思います。東京って、もう何でもアリですやんか。

仲野　東京らしいもの知ってますよ。ちくわぶ。

江　あ〜〜〜。

仲野　ちくわぶゆうから竹輪かと思ったら、捏《こ》ね損ないのうどんみたいな、巨大なマカロニみたいなもんで、初めてのときはほんまに衝撃的でした。でも、東京じゃ、好きな人けっこう多いですね。あれは子どものころから食べてないと、無理。それこそ、偏差値が高すぎる。あるいは低すぎる。

江　「この悲しい味がいいんです」って、東京の人が言ってましたよ。

仲野　悲しすぎます。子どもの時分は、おでんゆうたら味噌田楽で、汁に浸かったおでんをおでんとは言いませんでした。

江　やっぱり、関東煮《かんとだき》ですね。

仲野　でも最近は、関東煮ってあんまり言わなくなってきてますね。

江　岸和田は言いますよ。

仲野　関西の料理なのに、なぜ関東煮？

江　道頓堀に、弘化元《こうか》（一八四四）年創業の「たこ梅」って店があるんですけど、そこの先代の話では、広東《カントン》人が作ってたごった煮から来てると。

仲野　関東は広東の当て字ということですか。

江　まぁ、ちょっと眉唾《まゆつば》やなぁって気がしないでもないですけど。

仲野　うちの母親は、食べ物は大阪のほうが味付けが薄いのが普通やけど、関東煮は逆なんで、東京を揶揄《やゆ》する意味で関東煮っていうんやとゆうてましたけどね。あと、関西と関東の違いっていうと、「肉」の定義でしょう。**大阪で肉ゆうたら牛肉ですからね。東京でうっかり頼んで、肉じゃがの肉が豚で、腹立って気ぃ失いそうになった**ことあります。

江　カツも、普通はとんかつやけど、串カツ屋のカツゆうたら牛です。

絶対ウスターソース

仲野　てっちり、最後に、雑炊にしてもらいましょか。

江　やります、やります。

仲野　そういえば、東京ではあんまりウスターソース使わへんらしいですね。東京の居酒屋とかで、ポテトサラダ食べるときに、ソースちょうだいゆうたらとんかつソース出てきたりするけど、ポテトサラダはウスターソースやないと、あかんでしょ。ポテトにしゃぶしゃぶのソースがしみていくのがおいしいんですから、とんかつソースは問題外です。東京の人はびっくりしますけど、大阪じゃ天ぷらにもソースかけますからね。

江　天ぷら屋で食うときは天つゆがついてきますけど、家で食うときはソースに決まってます。

仲野　編集さんもいっぺんやってみてください、おいしいから。特に、さつまいもとか鰺《あじ》とかイカとかはソースです。でも、とんかつソースはあきません。絶対ウスターです。大阪ではそこらじゅうで売ってる紅ショウガの天ぷら、これも東京にはないけど、おいしいです。

江　串カツ屋のメニューには紅ショウガのフライのカツもあって、どっちもうまいんです。串カツ屋も、もともと大阪のもんでしょうね。

仲野　でも最近は、メニューがだんだん均質化してきてるような気がするなぁ。メンチカツなんか、もともと大阪じゃあんまり売ってなかったし、売ってても「ミンチカツ」って書いてあったんやけど、最近はメンチカツになってきましたね。ひょっとしたら、平泳ぎの北島康介の影響（＊3）かもしれん。大阪らしい食の特徴がだんだん薄くなってきたって

ことなんかなぁ。

江　そんなことゆうてんの、われわれの世代で終わりじゃないですか？

仲野　若い子にしたら、均質化したかどうかなんて、わからへんかもしれませんからね。生まれたときから、そうなってしもてるんやから。

超ローカルな巨大都市

江　お酒の話でいうと、基本は、日本酒文化でしょう。「ものの始まり、なんでも堺」って言いますけど、堺はもともと酒造りが盛んで。ところが、地下水が出えへんようになったりして、けっこう灘《なだ》に移っていったんです。

仲野　箕面《みのお》に地ビールありますね。おいしいんですけど、よう知りません。けっこう高いから。**大阪でエライのは、やっぱり安くてうまいもん**ですから。

江　雑炊、できましたよ。ええ感じやなぁ〜。

仲野　おぉ〜。うん、うまい。熱い。ふぐのうまみが凝縮してる。冬に最高ですね。

江　そうですね。夏はハモ。

仲野　てっちり屋さんでも、夏になるとハモちり屋さんになってるとこ、ありますよね。

大阪では、安いハモも売ってるから、家でも食べます。ハモしゃぶは、めっちゃおいしいですよ。

江　ハモは梅肉で食べるとこが多いですけど、岸和田は酢味噌で食べるんです。

仲野　へぇ、おばけみたいな食べ方ですね。

江　おばけ、クジラの尾の皮の、脂抜いたやつね。クジラも、大阪じゃよう食いますね。さえずり（舌）とか、ころ（脂肪）とか。

仲野　子どものころは、おでんに入ってるころなんて、そんなに好きでもなかったなぁ。でも、ころもさえずりも、いまはめちゃくちゃ高いですよね。値段に釣り合うほどの味ではないような気がするけど。

江　せやけど、食いたなるんですね、たまに。

仲野　この先、食べられへんようになるかもしれんですからね。こうしてあらためて大阪の食のことを話してみると、食材から料理、店まで、やっぱり多様やなぁと思いますね。

江　それと、都会なのに実名性があるんですよ。

仲野　実名性って結局、店の人とお客さんが顔見知りということですよね。

江　だから、顔が通じるし、融通が利く。

仲野　そういうのは、ある意味、**大阪がひとつの巨大な街、というか、考えようによって**

は超ローカルやということなんでしょうね。食が均質化して、どこでもおいしいもの食べられるようになるのと、地方ごとに、そこでしか食べられないうまいもんがあるのと、どっちが幸せなんでしょうね。

江　そら、どっちもあるのがいいでしょ。

仲野　八尾の若ごぼうとかはまだ地のもんやけど、最近は流通や情報網が発達してるから、あれだけおいしいと、全国区になるのも時間の問題かもしれんなぁ。せやけど、ちくわぶが大阪に進出してくることは……。

江　永遠にないでしょうね。

仲野　今日も、めっちゃおもろかったです。江さん、ありがとうございました。

＊1　だんじりの舵取り役。大工方の合図により、左右にくくりつけられた綱《どんす》を引いたり、肩で押すなどし、だんじりの向きを変える。

＊2　ソウダガツオから作られた節のこと。

＊3　北京オリンピック競泳平泳ぎ一〇〇メートルと二〇〇メートルで金メダルを獲得した、北島康介選手の実家は精肉店を営んでおり、彼の活躍とともに「メンチカツサンド」が話題となった。

7

浪花音楽談義

キダ・タロー

輪島裕介

キダ・タロー

●

一九三〇年兵庫県生まれ。
「浪花のモーツァルト」の呼び名で親しまれる、
関西を代表する作曲家。
CMソングや、テレビ番組のテーマ曲、
歌謡曲など、誰もが一度は聞き覚えのある
名曲を数多く手がけている。
タレントとしても幅広く活躍中。

輪島裕介

●

わじま・ゆうすけ
一九七四年石川県生まれ。
専門は日本を含むアジア・太平洋音楽研究、
近現代大衆文化史、アフロ・ブラジル音楽研究。
著書に『創られた「日本の心」神話
──「演歌」をめぐる戦後大衆音楽史』(光文社新書)、
『踊る昭和歌謡──リズムからみる大衆音楽』
(NHK出版新書)など。

今回は、「大阪しちーだいば〜」始まって以来、最高の大物であります。テーマは大阪の音楽。そうきたら、浪花のモーツァルトことキダ・タロー先生しか頭に浮かびません。

う〜ん、キダ先生といえば、あの「探偵！ ナイトスクープ」の最高顧問、東京あたりではようわかりませんが、大阪ではまごうことなきビッグネーム、堂々たるVIPであります。しかし、もし対談していただけたら、そんなありがたいことはありません。

断られても、なんも恥ずかしいことないし、失うものもあらへんから、頼んでみてください、と編集の吉田さんにお願いしました。そしたら、あっさりとお引き受けいただけました。ありがたいことです、ギャラ安いのに……。

対談の日が近づくにつれ、ナイトスクープでのシャープな批評が気になりだす。ちゃんと予習せえへんかったら叱られるかもしれんという恐怖感から、しっかりと予習をして対談に臨むことに。偶然とはいえ、準備がど真ん中で的中して本当にうれしゅうございました。

音楽のことなどまったく知識がないので、さらに念を入れて、大阪大学の同僚、文学研究科の輪島裕介准教授に助っ人をお願いしました。えらそうにしてるように見えて、実はけっこう心配性なのです。輪島さんの専門はストライクもストライク、近現代日本大衆音楽史。どれだけ力強い助っ人であったかは対談を読んでいただければ一目瞭然です。

さらに、今回の対談にはNHKのテレビカメラが入りました。さすがは大物、ちょうど「かんさい熱視線『86歳の春だから♪〜徹底解剖　キダ・タロー〜』」の密着取材中だったのです。近畿ローカルの番組でしたが、ちゃんと、チラッとでしたけど、対談の様子が映っておりました。

大阪の音楽について、本当に貴重なお話をたくさんしていただけて大感謝であります。キダ先生の笑顔、テレビでよく知っていたのですが、実物は本当に素敵でした。しかし、冒頭は、キダ先生からの予想外のツッコミで始まったのでありました。

音楽を大阪弁のアクセントに合わせるのが大阪の歌

仲野　この対談、いつもはいい加減にやっているんですが、今日は大先生とのお話ということで、かなり緊張いたしております。

キダ　いや、それよりね、今回の対談のお話をもらって、私、仲野先生のこと存じ上げなかったもので、プロフィール見たら、めちゃくちゃエライ先生で。

仲野　いえいえ、全然そんなことありません！

キダ　で、お話するんやったら、少なくとも何を研究なさっているのか、ちょっとは調べなあきませんやん。それで、**ご著書の『エピジェネティクス』**（岩波新書）**を読んだんですが、ムダでしたわ。**全然、わからへん。あれ、どういうことなんですか？　ご研究について、わかりやすく……。

仲野　あれは、簡単に話しても二時間くらいかかるんです。そんな丁寧な説明聞いても、大体の方が「やっぱり、ようわからんなぁ」と言わはるんです。

キダ　それは、先生が悪いんですわ。専門の分野を持つ人間が、専門外の人間に自分の仕事を伝えようと思っても、なかなかうまいこと伝わりませんわね。でも、以前、「ミヤネ屋」で音楽のことについて何か聞かれて「ごっつ、ええんですよ」ゆうたら、「ええだけじゃわからへんから、何がええのか言うてもらわな。それが表現でけへんのやったら、あかん」と言われまして、あ、なるほどと思うて。

仲野　なるほど。とはいえ説明するのはかなり難しいんですけど……。ごくごく大雑把に言いますと、遺伝子＝DNAというのはA（アデニン）・G（グアニン）・T（チミン）・C（シトシン）という四文字を使って延々と書かれた情報で、これによって細胞の発生や状態が決まる、という前提がまずあります。しかし、実際は、そのような情報だけで決まるものではない、というのが、エピジェネティクスという学問なんです。

キダ　最初のほうに、ひもじい思いをした世代のお母さんから生まれた子どもの話がありましたね。

仲野　お母さんが妊娠中にひもじい思いをして、お腹のなかで低栄養状態にさらされて生まれてきた赤ちゃんは、何十年も経ってから生活習慣病になりやすいんです。それは、お母さんのお腹のなかで何らかの状態が変わってしまったからにちがいないんですが、遺伝子そのものが変わったわけではないいっちゅう話です。

キダ　そこんところはようわかって「しめた！」と思ったんですけど、次読んだら、わからへん。専門用語も多いし。

仲野　本を買うてもらわなあかんから、序盤のあそこはうんと易しく書いてるんです。スンマセン、営業上の戦略なんです。でも、専門用語は、使わないと余計にわからへんようになるのが、またややこしいところで。どうゆうたらええのか……。もともと持って生ま

れた遺伝子に、生きてる間に情報が上書きされて、体のつくり方や、病気なんかも、遺伝子だけでは決まりませんよ、みたいなことなんですが。

キダ その「上書き」ゆうの、めちゃくちゃわかりやすいです。

仲野 ほんまですか!? 遺伝子に情報が上書きされる学問――これからは**「キダ・タロー先生にもわかっていただけた」**いうキャッチフレーズで行きます。先生スンマセンけど、今日は私がインタビューするほうなんで、よろしくお願いいたします。本日は、大阪の音楽、特に歌曲についてうかがいに来たんですが、まず先生の歌は別として、大阪の歌というと、どういうイメージをお持ちですか？

キダ 服部先生。

仲野 服部良一先生ですね。今日はちゃんと、下調べしてきました。といっても、昔、うちの近所にあったお好み焼き屋さんのおばさんが服部先生の妹さんやったという、それだけの理由からなんですが。大阪が生んだ作曲家は、服部先生やキダ先生以外にもおられるんですか？

キダ いっぱいいてはります。

仲野 たとえば？

キダ 「こいさんのラブ・コール」の大野正雄さんとか。あとは……ようけいてはるんで

すが、おつき合いがあまりないんです。若いころは外へ飲みに行ったりしてたんけど、酒の席でいろんな人の醜態見てから、飲むなら家で、嫁はんと飲むことにしたんです。酒の席で仕事が発生する場合もいっぱいあるんですけど、それもシャットアウトしました。

仲野　そうやったんですか。先生は、物心ついたときから服部先生の音楽がお好きだったんですか？

キダ　私が子どものころは軍歌というか、戦時歌謡ばっかりで。でも、服部先生の曲には「蘇州夜曲《そしゅうやきょく》」とか、びっくりするほどきれいな曲がたくさんありましたからね。そんなん、服部先生だけですわ。**服部先生抜きでは、大阪の音楽はあらへん。大阪の音楽の〝芯〟**ですもん。

仲野　歌謡曲などの大衆音楽がご専門の輪島先生としても、そう思われますか？

輪島　そうですね。大阪の作曲家のなかで最も代表的な人物といえば、間違いなく服部先生だと思います。阪大には音楽学という分野の研究室がありまして、私はそこで大阪の大衆音楽について研究しているんですが、服部先生は私の研究のまさにど真ん中で、大阪に限らず、日本の大衆音楽の歴史は服部先生なしでは語れません。「蘇州夜曲」は、映画でお知りになったんですか？　（一九四〇年に公開された李香蘭主演の映画「支那の夜」の劇中歌だった）

キダ　ラジオです。映画は不良の観るもんやと思っとったんで、観なかったんです。私の

記憶では、詞が大阪弁の歌というのは服部先生以前にはなくて、服部先生が「買物ブギー」や「大阪ブギウギ」なんかで「大阪弁の曲なら、こういうふうにせい」という見本を作った。「買物ブギー」は、大阪弁のアクセントやから「ブギー」と伸ばしているんです。

仲野　服部先生の曲は、音楽のほうを大阪弁の歌詞のアクセントに合わせているということですか？

キダ　合わさんと、意味が通じません。船場では末娘のことを「こいさん」と言いますけど、「こいさん」ではなく「こいさん」と「い」にアクセントがあることで、初めて「こいさん」を認識できるわけです。「月の法善寺横丁」は、標準語の歌詞のなかに「こいさん」という名詞だけが大阪特有の言葉として入っていますが、そこだけは「こいさん」と大阪弁にしはる。これも、服部先生からの伝統ですわ。

服部良一先生の教え

仲野　服部先生には、お弟子さんは？

輪島　内弟子みたいな方も後にはおられるんですが、面白いのは、若いころから、**無償で、というか、時には自分がお酒やごちそうをふるまいながら仲間内に音楽を教えていたん**で

すね。服部先生が若いころ、ロシア（ウクライナ）から亡命してきたエマヌエル・メッテルという音楽家がいてまして、当時のヨーロッパで最も進んだ音楽理論をＮＨＫ大阪放送局のオーケストラで教えていた。服部先生はそこでオーボエやフルートを演奏しながら、夜はナイトクラブでサックスを吹いていて、メッテル先生に習ったことを、仲間内のジャズメンにもどんどん教えていたといいます。なんでも、メッテル先生から**「お金を払ってでも弟子を取って教えなさい」**と言われていたそうです。つまり、教えることが最も良い学習法だ、ということでしょうね。なかには関東大震災後に東京から大阪へ来ていたジャズメンもけっこういて、彼らは最終的には東京へ戻って行くんですけど、服部先生もその流れに乗るようにして東京へ行くんですよね。大阪でも十分成功してはいたんですが。

仲野　僕はいま六十歳で、歌謡曲にそれほど詳しいわけではないんですけど、服部先生の曲のリストを見たら、知っているものがたくさんあります。それだけ普遍性があって、長い間聞き継がれた曲が多かったということでしょうか。

キダ　ヒット出す確率でゆうたら、ナンバーワンちゃいますか？　少なくとも、かなりの割合でヒットは出してるはずです。

輪島　経歴全体のなかでの確率というのはわからないですが、戦後初期の大ヒットと名曲の割合はものすごいですね。一九四七年くらいから流行り出した「ブギ」のシリーズなん

かは、出すものすべてが大当たりという感じですし。

仲野　キダ先生ご自身は、服部先生の薫陶《くんとう》を受けたりはしておられないんですか？

キダ　かわいがってもらいました。服部先生が作った曲に「おおさかカンタータ」というシンフォニーがあって、大編成のバンドで大阪各地を回って演奏したんですけど、そのとき「ピアノやるヤツ、おれへんか？」と言われて「はい！」と手を挙げたんです。バンドのなかで、まぁまぁ弾いてればいいと思ったから。ところが、手に負えんようなソロがいっぱいあって、しゃぁないからとにかくむちゃくちゃ弾いたら、むちゃくちゃでも何にも言わはらへんのです。大野さんもそうで、「誰か、木琴おれへんか？」言われて、叩いてればなんとかなる思って手を挙げたら、やっぱりむちゃくちゃになって、それでも何にも言わはらへん。お二人とも優しい方なんです。オレやったら、根に持つけどなぁ。信じられへん、あれは。

大阪発の音楽の行方

仲野　最近、先生から見て大阪らしいと思われる歌というのはありますか？

キダ　昔はようけありましたけどね。大阪の歌を集めて、一冊の本になるくらいでしたか

ら。知らん歌も、いっぱい入ってまんねん。

輪島　いまはなくなってしまった大阪都市協会が出した『大阪のうた』（一九八二年）ですね。おなじみの歌ばかりでなく、一九七〇年代あたりのムード歌謡やカラオケ向きの曲も多く入っていたと思います。

キダ　歌謡曲の爛熟期の歌ですよね。そやけどいまは、ああいう本が作れるほどにはないでしょ。

輪島　大阪弁の歌となると、ほとんどないですね。大阪らしいバンドはあるにはあるんですが、メジャーなところではウルフルズあたりが最後じゃないかと思います。

仲野　服部先生以前の大阪らしい歌曲というと？

キダ　ないですね。

輪島　西洋の音楽理論に基づく、いわゆるドレミファソラシドでできていて、人々の娯楽のための音楽で、なおかつ大阪らしい、ということでいうと、「道頓堀行進曲」ぐらいしか思いつかないです。洋楽はもともとハイカラで、明治のころは、それこそ居住まいを正して聞くものだった。その後、ドレミファソラシドの歌が庶民の娯楽になってくるのは、大正以降だと思います。流行歌とか歌謡曲という言葉が使われ始めるのは、昭和に入ってからですし。

仲野　その流れの延長に、服部先生がいてはるわけですね。もしかして、大阪弁だと、大阪以外の地域の人が歌いにくかったりするんでしょうか。

キダ　そんなこともないと思いますけどね。「こいさんのラブ・コール」なんかは、全国的にヒットしましたし。

輪島　大阪弁に限らず、詞とメロディがピタッと合った曲というのは、作詞も作曲も同じ人がやっている場合が多いと思います。「買物ブギー」も作詞・作曲が服部先生ご本人で、当時としてはかなり画期的だったんじゃないでしょうか。

仲野　いま義太夫を習《なろ》うてるんですけど、大阪以外の人は、義太夫の大阪訛りを語るのがものすごいやりにくいと言わはります。

キダ　義太夫は、昔の、見事な大阪弁ですからね。大阪弁の入った曲でも、（やしき）たかじんの曲は、服部先生なんかとはまた違うフィーリングで書かれてますね。「知らん」が「しらん」とか、ちょくちょく標準語みたいになっているし。別に不自然には感じないですけどね。

仲野　大阪弁をヘンなイントネーションで話されると、えらい気持ち悪いですけど、歌だとあまり気にならないですね。ドリカムの吉田美和の曲で大阪弁の歌、「大阪ＬＯＶＥＲ」がありましたけど、あれを聞くと、むしろ大阪弁を上手にマネとるなと感心してしまうく

らいです。

キダ　メロディがついてると、言葉ゆうより曲として聞けるんでしょうね。そやけど、ついこの間まで、大阪の人間でも大阪弁を軽視してましたからね。ある番組プロデューサーに、「キダさん、もうぼちぼち、大阪弁、やめたほうがよろしいで」と言われたこと、明瞭に覚えています。その方も大阪生まれですけど。

仲野　それでも、あらためられることもなく？

キダ　絶対あらためない。素人ののど自慢大会なんかで審査員をやることが多いんですけど、自分が生まれ育った土地の、使い慣れた言葉で批評するのさえ危険なのに、おぼつかない言葉でそんなことしたら必ず相手を傷つけるから、そんなん絶対にあらためません。審査員ゆうのは、ゆうなれば権威を持って歌を評する立場なわけで、誰が見てもヘタやのに「なかなかいい素質持ってる」とは言えへん。せやけど、「ヘタです」ゆうたら相手が傷つくから、その方が傷つかん最低限の言葉で、見ている人が「やっぱりヘタやん」と思うような、正確な評価をするように心がけています。

仲野　東京の言葉でそういうニュアンスを表現するのは、なかなか難しいんかもしれませんね。

キダ先生は何千曲作られたのか

仲野　では、そろそろ本日のメインイベント、キダ先生の曲のお話に移っていきたいと思います。先生が作られた曲は二〇〇〇曲とも三〇〇〇曲ともいわれておりますが、ほんまは何曲お作りになられたんですか？

キダ　わかりません。

仲野　わ、わからないんですか。一曲一曲、シリアルナンバーつけたりは……。

キダ　そういうのは一切やらない男で、**曲作ってスタジオへ行って録音し終わったら、譜面はその場に置いて帰ってくる**んです。

仲野　一時期、在阪テレビ局のテーマソングはほとんど先生が手がけておられたという記事を読んだんですが、たしかに、昭和四十年代から五十年代くらいにかけては、「プロポーズ大作戦」「ラブアタック！」などの人気番組をはじめ、ほとんどの番組テーマがキダ先生の曲だった印象があります。

キダ　当時は大阪制作が多かったとゆうことと、若いのんでムリきくゆうたら私ぐらいでしたんや。あのころはもう、むちゃくちゃ書いたんですよ。特に、キャバレーの音楽。千日前に「ユニバース」ってありますでしょう？　あすこ、珍しいことにダンシングチーム

が入っとって、私がずっと音楽やっとったんです。演奏曲が常に一五曲くらいあって、なかにはレコードコピーもありますけど、半分までは自分で作らなあきません。それと、それまではまったく無視されとった著作権を日本でも守らなあかんという機運が急に高まってきまして、放送局でも何でも、それまでのようにありもんをやたらにばんばん使えへんようになった。そんで「キダはん、何でもええから書いてくれへんか」と。何でもええってどういうことかな思うたら、ほんまに何でもいい。似とっても、同じでなければ。

仲野 なるほど、コピーライトさえクリアしたらいいわけですね。

キダ そういうことです。せやから、ひとつ名曲があったら、形は真似しつつメロディは変えて、一〇〇曲くらい作れます。そんなんで四〇曲、一日にわーって作りましたから、全部入れたら二〇〇〇や三〇〇〇よりもっとですわ。**CMソングは、一日七曲が限度**ですけど。

仲野 それだけ作ってはると、自分の曲なのに忘れるいうことはないんですか？　今日作った曲が、以前作ったものにそっくりになったりとか。

キダ 何べんもあります。ただ、作ってる最中は、一緒やと思えへん。

仲野 完全に忘れておられる？

キダ 才能の容量が少ないのにいっぱい書くもんやから、知らん間に同じ水を掻《か》き出して

る。しかも、そのことに気がつかないゆうとこですわ。

仲野　大野乾《すすむ》先生という生物学のエライ先生が、生命というのは、作られたのは一回だけで、後はその使い回しみたいな感じで進化してきたとおっしゃっていて、それを「一創造百盗作」と名付けたはったんですよ。そして、そういう意味では芸術家も同じではないかと。たとえばゴッホの絵がゴッホらしく、モーツァルトの曲がモーツァルトらしく、見えたり聞こえたりしますよね。これは、偉大な芸術家でも独創性を発揮したのは一回だけで、あとは自分の模倣にすぎないと言えるのではないかという考えです。

キダ　それは言えてますね。

仲野　先生も自分の模倣をなさるんですか?

キダ　すべて自分の模倣ですわ。

仲野　でも、それぞれに特徴があって、似通っているという感じはあまりしないんですけど。

キダ　そこは、わからんようにしてるんです。さっき言うたみたいに才能の容量があまりないゆうことは、長年やっとったらわかることで。それなのに何千という曲を作らなあかんわけですから、当然、一曲にかけられる才能の量も薄まりますわな。

仲野　才能、使いすぎてだんだんなくなってきている感じとかはないんですか?

キダ　あれ、なくならへんのですよ。また湧いてきます。テレビでも何でもええから、涙

腺をきゅっと刺激するような出来事があると、また補給されるような気がします。健気な姿を見ると、いちばん感動しますね。そういうときって、なんかすっとしません？　そうすると、メダカの涙ほどかもしれませんけど、才能というか、何か気持ちがひゅっと戻ってくるような気がします。

大阪の歌曲がよみがえることはない？

仲野　以前は大阪制作の番組が多かったという話が出ましたけど、景気や資本の問題があるから、今後は大阪らしいテーマソングが生まれるような番組作りもなかなか難しいかもしれんですね。

キダ　だんだん、あかんようになってきたみたいですね。

輪島　最近は芸人さんも東京へ出てしまうし、関西のテレビ局で制作していても収録は東京で、みたいなことも多いようですから、大阪発の大阪らしい番組やテーマソングとなると、ちょっと難しそうですね。

仲野　大阪の歌曲がよみがえることもなさそうですし、寂しく思われることはないですか？

キダ　……あんまりない。

仲野　そうですか（笑）。まぁ、若い人の大阪弁もずいぶん変わってきてますしね。使われへんようになってきてる言葉も増えてきてますし。

キダ　昔は、大阪弁でも難しぃのんに会うたら、（笑福亭）松鶴《しょかく》さんなんかに上方流儀を聞きに行きました。松鶴さんは大阪の西区だか南区だか、とにかく中心でっしゃろ。せやから、すぐ答えてくれました。あの人はわりと大阪に誇り持ってはりましてね、「米朝《べいちょう》はな、あら播州の言葉や」と、そんなんばっかりゆうてましたわ。

仲野　生粋の大阪弁をしゃべるには、それなりの場所に生まれ育ってないとあかんっちゅうわけですね。先生が作られた曲で、ご自身がいちばん好きな曲や、代表曲だと思ってられるものとかはおありですか？

キダ　あんまりないですね。それは、人様が決めることとで。

仲野　二〇一六年に、NHK大阪放送局で「わが心のキダメロディ～総選挙」がおこなわれて、視聴者が自分の好きな曲に投票してましたよね。あのなかにはエントリーされていませんでしたけど、僕はラジオの「ABCヤングリクエスト」のテーマ曲がいちばん好きなんです。ひょっとして、いちばん売れたのは「アホの坂田」ですか？

キダ　「ふるさとのはなしをしよう」です。

仲野　輪島先生は、最近どこかで「ふるさとのはなしをしよう」を使わはったとか。

輪島　はい、学会で。服部先生から「クラブアロー」（北新地にあった伝説的なナイトクラブ）くらいまでの、音楽史的な流れを話したときです。一般の方向けの講演でもむちゃくちゃよく使わせていただいております。

キダ　いま、アロージャズオーケストラ、頑張ってますよね。

輪島　ナイトクラブとしてのクラブアローはもうないので、武庫之荘の「ライブスポットアロー」という自前のライブハウスやいろんな公演で、コンサート中心の演奏活動をしているという感じなんですが、メンバーがすごく若くて、イケイケなんですよね。

キダ　バンドだけでも残ってるの、あそこだけなんですよ。

仲野　昔は大阪にもバンドがたくさんあって、バンドマンがようけいてはったんですか？

キダ　各箱に、みんなバンドが入ってましたから。その箱ゆうのも何十もあって、ダンスもできるような大きなところだけでも一〇軒くらいはありました。

仲野　それが、全部なくなったんですか？

キダ　一軒もなくなりました。二、三人でやってるところは、まだありますけどね。

仲野　フルバンドというと、人数はどれくらいなんでしょう？

キダ　最低でも九人で、一五、六人くらいが標準ですね。

仲野　いまは、バンドで食べていくのは難しくなってるということですね。

キダ　廃業してる人、ようけおります。放送音楽とか、レコーディングとか、仕事がごく限られてるうえに、仕事がスタジオになってきてますでしょ。スタジオなんて、そんなに人数は使えへんから、一部の優秀な人だけしか残らないんですよ。

仲野　たしかに、バンドの生演奏を聞く機会って減りましたねぇ。

輪島　六〇年代以降からの流れだと思いますが、飲食系の店舗では有線放送と、その後のカラオケの普及がまず大きいですよね。

仲野　人件費を考えたら、いまはバンドを抱えるのが厳しいんでしょうね。

モーツァルト嫌い？

仲野　先生は、いまでも一日にCMソングを七曲も作ったりしたはるんですか？

キダ　作りたいけど、注文がないんですよ。いまは、一日七曲は体力的にムリかもしれないけど、注文があれば作りたい。

仲野　エラくなりすぎて頼まれなくなったとか？

キダ　世の中の趨勢《すうせい》が、CMソングにあまり重きを置かないようになってると思いますね。「こら、ええな」と思うようなCMソングって、一日テレビつけとってもあまりない。で

も最近、「オリーブオイルはキヨエ〜♪」っていうのがあって。オーストラリア産の高級オリーブオイルのCMで、あれは歌がうまいし、伴奏も四人くらいで、すごいなぁと思って聞いてました。

仲野　かつては商品名とか会社名が妙に耳に残る、短いCMソングがいっぱいありましたよね。

輪島　そのへんのことは、実は論文なんかも書いたんですが、昭和三十年代を象徴するようなCMソングを作った人に三木鶏郎《みきとりろう》という人がいます。戦後すぐにNHKで『日曜娯楽版』という番組の社会風刺的な音楽コントで世に出た人ですが、ラジオやテレビの民放ができ、CMというものが出てきたころ、トリロー先生は人の心をうまいことつかむようなCMソングを作るようになります。と同時に、商品あるいは会社自体をメジャーにするような、いわゆる経営コンサルみたいなこともしていた。キャッチーな短いCMソングを、三分くらいの曲の一部を使って作りつつ、もととなった曲もレコードで売るというビジネスモデルを作ったのもおそらくトリロー先生で、これは現在にも続く流れじゃないかと思います。

キダ　私にとって、歌謡曲といえば服部先生、コマーシャルは三木先生です。三木先生には会うてませんけど、CMについては三木先生の真似から始まりました。

仲野　最後に、ずっと確かめたいことが二つありまして、一つは、数年前、佐村河内《さむらごうち》守氏のゴーストライター事件のときに、先生、「もっと上手に真似せんかい！」とかって怒ったはりませんでしたっけ。

キダ　「騙されたほうが悪い！」じゃないですか？　騙したヤツは市中引き回しのうえ獄門。芸術をやっている人に対しては一歩引くというか、自分にないものを持ってはる人への畏敬の念があるものでしょ。あれを利用した詐欺師ゆうのは、ほんまに腹立つ。

仲野　もう一つ確かめたいことがあって、先生といえば、なんといっても「浪花のモーツァルト」いう異名が、あまりにも有名ですよね。でも「モーツァルトより先に生まれていたら、モーツァルトがウィーンのキダ・タローと呼ばれていただろう」という名言もあって、これは、先生自身のお言葉なんでしょうか？

キダ　そんなん言いません。モーツァルト嫌いやし。

仲野　そうやったんですか（笑）、それは大変失礼いたしました。

夢は大河ドラマ

仲野　輪島先生も最後に、超薄謝でおいでいただいてますし、専門家の立場からお聞きに

なられたいことをぜひ。

輪島　では、その、「ＡＢＣホームソング」に以前から関心を持っていまして。

仲野　ＡＢＣホームソングというのは？

輪島　いまでいうＮＨＫの「みんなのうた」みたいなラジオ番組で、週替わり、月替わりで番組のオリジナル曲を流していたんです。ＡＢＣホームソングからは数々のヒット曲が生まれましたよね。キダ先生の「ふるさとのはなしをしよう」や大野先生の「こいさんのラブ・コール」なんかもそうですが、あれは作る側としては、やはり大阪発の歌だということは意識されていたんですか？

キダ　ＡＢＣホームソングは東京に通じる曲を作る、ひとつの場であったわけです。ですから、大阪の歌ではあるんですけど、曲としては標準形式で、作詞をされる方も、東京の作詞家がいっぱいいてました。

輪島　大阪以外の、より広い層にアピールできるというわけですね。

キダ　せやから、われわれは、わりとうれしかったです。鶏郎さんも書いてはりますよ。あれ、スポンサーの関係で番組名が何度か変わりましたよね。呉羽《くれは》とかいろいろありましたけど、最初はどこでしたん？

輪島　最初が呉羽だったかもしれません。近鉄なんかもありましたよね。

キダ　わりと大きなスポンサーがついていてね、ずっと続いたんです（一九五二～七二年）。

輪島　大阪労音（勤労者音楽協議会）なんかと仕事をされることはありましたか？

キダ　労音は、記憶ないです。

輪島　それと、ドドンパについても調べているんですが、ドドンパはクラブアローで生まれたようなんですね。そこに関わった記憶はありませんか？

キダ　ないです。いま初めて聞いた、それ。

輪島　フィリピンのダンサーが持ってきたマンボやチャチャチャなんかが変形して大阪生まれのラテン音楽スタイル＝ドドンパになって、それをアイ・ジョージや坂本スミ子なんかがクラブアローでやり、さらに大阪の流行が東京のレコード会社に取り入れられる、というか、パクられるようなかたちで「東京ドドンパ娘」が生まれたようなんです。

キダ　そうなんですか。フィリピンの人は、ようけ来てましたもんね。フィリピンのバンドマンは優秀ですし、いまでも来てますよ。日本よりちょっと上という気がするのは、向こうの血が入ってるからかなぁ？

仲野　また遺伝関係の話になりますかね？

輪島　どちらかというと、環境の話だと思います（笑）。

仲野　じゃぁ、エピジェネティクス系かも。

輪島　フィリピンはスペインの植民地だった時代が長く、十九世紀末にはアメリカ統治となり、米軍との関係で芸能や娯楽の仕事が増えたという経緯があります。

キダ　フィリピンの人は、あか抜けてますね。あれはちょっと、太刀打ちできひん。

輪島　大正時代に、日本でいわゆるジャズのアドリブを最初にやったのは、フィリピンから来たバンドマンだと言われています。

キダ　レイモンド・コンデ？

輪島　コンデよりも前ですね。

仲野　「わが心のキダメロディ～総選挙」の特設サイトで、先生の将来の夢は**大河ドラマのテーマ曲を作って、秀吉のような英雄の晩年を演じること**だとおっしゃっているのを拝見したんですが、今後やってみたいことなどはありますか？

キダ　こんな仕事をしてる者が、いろいろやったからもうやりたいことは何もないゆうくらい、悲惨なことはないんです。それはものすごい意識していて、「何かやりたいことありませんか？」言われたら、簡単に実現でけへんことを、まず言わないかんと思っています。実現したら、それで終わりになってまうからね。大河ドラマはいいですよ。テーマソングと主人公。徳川家康の死にかけとか、武田信玄の倒れかけとか、そんなんやったらできますやん。死にかけやったらもう動かんでもええし、しゃべらんでもええし、表情なん

かメイクさんがちゃんとしてくれるし。

仲野　そんなに晩年の役でいいんですか？

キダ　そのちょっと前から。やっぱり五週くらいはやりたいから。

仲野　放送スケジュール的には、十月末くらいから出てきはる感じですかね。ぜひ、かないますように祈りながら楽しみにしておきます。先生、今日はものすごい楽しくて勉強になりました。本当にありがとうございました。

キダ　こちらこそ、ありがとうございました。

8

これが「大阪のおばちゃん」だ！

谷口真由美

谷口真由美

●

たにぐち・まゆみ
一九七五年大阪府生まれ。
法学者・大阪大学非常勤講師、
日本ラグビーフットボール協会理事。
「全日本おばちゃん党」代表代行。
『日本国憲法――大阪おばちゃん語訳』(文春文庫)
など著作多数。

対

談テーマを選ぶ基準の第一は大阪らしさです。そうなると、大阪のおばちゃんを外すわけにはいきません。しかし、人選が意外と難しい。うようよ生息しているとはいえ、おばちゃんであって、きちんとおばちゃんを語れる人となると、そう多くはないのです。

そんななか、真っ先に思い浮かんだのは谷口真由美先生でした。谷口先生なら、「全日本おばちゃん党」の発起人だし、テレビでコメンテーターしたはるのを見てたら、ようしゃべらはるし、なによりおもろいし。ということで、面識もツテもないけど、お願いすることに。そうしたら、前回の「浪花のモーツァルト」キダ・タロー先生と同じく快諾していただけました。

しかし、いざ当日、実はけっこうビビっていたのであります。対談が決まってからのある日のこと、知り合いの踊りのお師匠さんのフェイスブックで金水敏さんと好きなことを言いあってました。そしたら、なんと谷口先生がご降臨。あわわっ、という展開なのでありました。ちなみに、金水さんは、この対談の第二回「大阪弁を考えるの巻」で登場していただいた国語学の大家であります。

というようなことがあったので、そこそこ緊張して対談場所へ。とりあえずお詫びいたしましたところ、いえいえ気にしてなんかいませんよと、和やかな雰囲気で対談はスター

ト。さすが太っ腹！　いろんな意味で……（スンマセン、スンマセン）。開始早々、いきなり超ローカルな話題からで恐縮なんですけど、ご寛恕のほど。あ、書き忘れるところでした。もちろん、谷口先生、「実物はテレビで見るよりさらに別嬪《べっぴん》」でした。

三歳でおばちゃんデビュー

仲野　谷口先生がお勤めの大阪国際大学は、守口市の藤田町ってとこにあるんですね。

谷口　それ、「とうだ」と読むんです。大和田《おおわだ》と萱島《かやしま》の間ですね。

仲野　家が千林だから、かなり近いです。

谷口　実は私、千林商店街で大きくなったみたいなもんで。

仲野　えっ、そうなんですか！

谷口　祖父母の家が森小路《もりしょうじ》だったんで。千林商店街に井野屋って、ありますでしょ？　小学生のときに、あそこでオーディオセット買ってもらいました。あとは、パロマで服買ったり、花幸さんで靴買うたり、高校生のときには商店街の浴衣美人コンテストに出させられたりもして。

仲野　むっちゃローカルな話ですけど、千林というのは大阪でいちばんおばちゃんが多いといわれる、ホントに下町なんです。ちなみに、大和田も萱島も千林も森小路も、みんな京阪沿線。それにしても、千林商店街で育ったから、歳のわりにおばちゃん感が強いんですかね……ってスンマセン、いきなり失礼ですけど。

谷口　いえいえ。**私、いま四十二なんですけど、三歳からおばちゃんって言われてるんで。**

仲野　三歳!?　それはすごい。四十代にして、かなりのおばちゃん歴なんですね。

谷口　森小路の祖父母は長屋住まいで、そこで夕方、お豆腐屋さんが自転車で売りに来たら知らせる番っていうのを、三歳くらいからよくしてて。その時間になると、おばちゃんらがここぞとばかりに井戸端会議を始めるんですね。母と祖母は、そういうところへ入ってくのがあまり好きじゃなかったみたいですが、私が聞いてきたこと全部、そのまま伝えてたんです。

仲野　三歳で井戸端会議デビューかぁ。その経歴が、いまのテレビ出演にも生かされてますね、きっと。

番組終わったらノーサイド

谷口　コメント一分でまとめてくださいと言われたら、まとめられますからね。
仲野　将来立派なおばちゃんになるべく、最強の英才教育を受けてこられた感じがします。テレビの人ってあんまりはっきりとモノ言わはれへんけど、先生はかなりはっきり言わはるから、共演者からビビられてないですか？
谷口　ある番組で、スシローさんって言われてる田﨑史郎さんとかつての中谷元防衛大臣、それから私と青木理《おさむ》さんとで、安保のときにバッチンバッチンやったことあったんです。そのあと、私が一時期レギュラーをしてた別の番組に田﨑さんがゲストで来られたときに、打ち合わせ場所でお菓子やお茶を勧めたりしたら、「谷口さん、優しいんだね」って。
仲野　前の番組では、単にディスカッションしてただけやのに、ビビられてた。
谷口　ディスカッションで批判してるのは相手の論であって、人格を否定してるわけでも何でもない。それに、終わったらノーサイドですやんか。
仲野　終わったらノーサイドっていうのは、大阪のおばちゃんの特徴でもありますね。ま

ぁ、負けといたろ、いう感じで。先生といえば「全日本おばちゃん党」の発起人でもありますが、僕ら大阪の人間は、おばちゃんよりオバハンゆうことが多いと思うんですけど。

谷口　オバハンは、おばちゃんとはまた違う定義にしたんです。

仲野　何がどう違うんですか？

谷口　私は常々、オッサンという存在を憎々しく思ってて。カタカナで書くとこがポイントなんですが、上から目線で独善的で、悪いことやっても絶対謝れへんのがオッサンで、その女性版がオバハン。その対極にいるのがおっちゃんおばちゃんで、困った人を見たら放っとかれへん、お節介な人たちです。

仲野　今日は、〝おばちゃんのあいうえお〟を考えてきたんですけど、「あ　厚かましい／い　いらんこと言う／う　うるさい／え　ええ加減／お　お節介」。これ、ええ感じでしょ？　お節介は、おばちゃんに欠かせない要素ですよね。

谷口　人のためとはそんなに思ってへんのに、結果的には相手のためになる。自発的にやってるから、「せっかくやったったのに」って言い方になることもない。これ、おばちゃんの極意です。

仲野　自分のためにやったことが人から感謝されるレベルまでいかないと、真のおばちゃんとは言われへんのですね。

いいお節介と悪いお節介

谷口　ただ最近は、やっていいお節介と悪いお節介の区別がつかなくなってるというか。たとえば、あまりに汚れた服の子がいたら、「あんた、なんでそんな汚れた服着てんの？」って声をかけると、周りもそのことを認識し、子どものSOSに備えられる。一方で、隣の夫婦に子どもがでけへんからっていらんアドバイスするとかは、やったらあきませんね。でも、悪いお節介をしないためにお節介を全部やめるのは、よろしくないと思うんです。そこは、「やめてください」って嫌な顔されたら、やめればいいこともあるはずなんで。

仲野　ほどよくお節介なおばちゃんが増えたら、結婚率も上がるかもしれませんね。いまは「あの人と、絶対合うと思うわぁ」くらいのことも、なかなか言いにくい空気があったりしますからねぇ。大学だとセクハラで訴えられかねないし。

谷口　おばちゃんは人と人との相性とかマッチングを、ものすごくよう見てますから、結婚したいかどうかの意志を聞いていれば、「ほな、ちょっと見繕《みつくろ》ってくるわ」みたいな感じになると思いますね。

仲野　標準語より、大阪弁のほうがお節介もスムーズにできる気がします。

谷口　テレビでも、谷口さんはキツイこと言うんだけど、誰かを傷つける言葉には聞こえ

へんと、よう言われます。地方の方はもっと方言を話すべきだし、土地ごとの言葉を大事にすることが、究極の地方自治の始まりでもあると思うんです。言葉から同化政策が始まっていった歴史もありますし。

仲野　東京からうちの研究室に来た人の話だと、東京では、宅急便の人とも言葉を全然かわしたりしないらしいですね。

谷口　私、何だったら水とか持たせますし、世間話もようします。そういえば、大阪のおばちゃんと青森のおっちゃんで会話させたら、青森のおっちゃんの発言は「あぁ」「はー」「ふむ」を含めて二パーセントで、九八パーセントは大阪のおばちゃんがしゃべってたって聞いたことあります（笑）。

仲野　大阪の人間は、相手が聞いてなくてもおかまいなしやから。言いたいことは絶対ゆうけど、人の話は聞いてない。だから、一見話が弾んでるようで、よう聞いたら弾んでないときありますよね。

谷口　なのに、笑うとこだけは一緒。たぶん、みんなが聖徳太子化してるんです。いろんな話を同時に聞き流して、おもろいとこだけみんな同時に反応する。あれは、スゴイと思います。

おばちゃんの八策

仲野　言葉の話でゆうたら、ベタな大阪弁しゃべる子どもって、最近減ってきてると思わはりませんか？

谷口　減りましたね。うちでも、特に上の子なんかは「〇〇じゃね？」とか言ったりします。家族も近所の人たちもみんな大阪弁なんですけど、やっぱりユーチューブやテレビの影響が大きい。

仲野　言葉が標準化してくると、先生みたいに英才教育を受けた大阪的なおばちゃんも減るんじゃないかと心配になります。あんまり増えても困りますけど。

谷口　おばちゃん予備軍が減る恐れはありますね。いっそ、長屋文化を復活させたいくらいです。タワーマンションをはじめ、近ごろは井戸端会議できる場所がほとんどないんですよね。とはいえ、住環境なんてそう簡単に変えられないし……。

仲野　先生、おばちゃん養成塾とかやらはったらええんちゃいますか？　大学だと、よくコミュニケーション力が大事とかって言いますけど、おばちゃんはよくも悪くもコミュニケーション力がすごいから。大阪のおばちゃん的人間は、海外へ行って外国語ができなくてもグイグイいけるし、グローバル化にも適してると思います。

谷口　おばちゃんが集団で海外旅行で買い物したら、「まけて」って英語はわからなくても、最終的には勉強して（安くして）もらいますからね。そういうバイタリティやしぶとさ、危険を察知する野生の勘はバッグンなので、地上最強の生物ちゃうかなぁと思います。

仲野　ゴキブリよりもおばちゃんですか。

谷口　ただね、たとえば核戦争になったとして、**シェルターには我先にと逃げ込むんですけど、戦争が終わって外に出た途端、食べたらあかんキノコ食べて死ぬ。**それが、おばちゃんのパターンなんです。

仲野　人を押しのけてまでシェルター入っときながら出てきた途端に……って、それ落語みたいですね。そやけど、電車に人を押しのけて乗るようなおばちゃんも、最近減りましたよね。十年くらい前までは、座席のほんのちょっとの隙間にお尻をねじ込んでくるようなおばちゃん、ようおったのに。

谷口　上品になったとか、労働者人口が減って電車の乗降客も減ったとか、理由はいくつか考えられると思うんですが、みんなが妙に冷たい視線を送るようになったんですよね。女性専用車両でもそうだと思うんですが、おっちゃんが間違って入ってきたとき、「ここ、女性専用車ですよ」って声かけてくれはったらええだけのことなのに、何にも言わんと、ただずーっと睨《にら》んでたりする。そういう冷たい空気感が、隙間にねじ込むのもやりにくく

してるんじゃないかと思います。実際それで座れてるんだから、詰めたらまだ余裕があったってことで、「ちょっと、寄せてくれはる？」と一声かけたらすむ話なんですけどね。

仲野　それって周囲に目配りができるようになるための、一種の社会的トレーニングですよね。最近の学生見てても思うんですけど、常識ゆうたら自然に身につくもんやと思ったら大間違いで、あれって実は周りのおばちゃんなんかが鍛えてやらんとダメなんですよね。

谷口　おばちゃん党では、大阪維新の会のあまりにも中身のない「維新八策」をひたすら笑いにするために、「おばちゃん八策」ゆうのを作ったんです。おばちゃんは酸いも甘いも苦いも嚙み分けてるゆうことで、果物のハッサクの絵ぇつけて。その最初に「うちの子もよその子も戦争には出さん！」と書いたんですけど、「うちの子もよその子も」という感覚があると、誰に対しても悪いことは悪いと、けっこうフラットに言えるもんなんです。それこそ、「ドラえもん」の神成《かみなり》さんっておっちゃんみたいに、よその子でも本気で怒ってはる大人って、昔はよういてはりましたよね。「ドラえもん」の場合は子どもたちが神成さん家《ち》の窓ガラスを割るからあかんのですけど、そこで親呼んでこいとか訴訟沙汰にはならずに、きちんと子どもに対して怒る。怒るのってパワーいるのに、その手間を惜しまずにやるのがおっちゃんなんです。

仲野　怒っても改善しないことが多いからだんだんアホらしくなるし、相手には嫌われる

しで、できることならやりたないようになってくるんですよねぇ。

谷口　それで、みんなが怒らへんようになった結果、いろいろややこしいこと出てきてるんちゃうかと考えると、やっぱり見捨てたらあかんもんが大人にはあるんかなって気はしてます。

仲野　大阪のおっちゃんって、おばちゃんみたいな人、多くないですか？　芸人でも、千原ジュニアや明石家さんまなんかは、めっちゃおばちゃんですよね。

谷口　鶴瓶さんとかも。大阪の芸人さんで面白いなって思う人って、前世がおばちゃんか⁉って思う人ばっかりです。**人のことよく見てて、細かいとこにツッコミ入れていく。そういう意味では、仲野先生もおばちゃんっぽいですよね。**

仲野　いま気づきましたけど、完全におばちゃんですわ。ショック。家で妻と母が近所の話とかしてたら、イヤやなぁ思ってるのに。

谷口　イヤやなぁと思いながらもいろんな事情はちゃんと知ってて、それを生かしてたらおばちゃんです。

仲野　ああ、まさにそんな感じです。

おばちゃん宣言は、女性解放にもなる

谷口　東京はいろんなとこから人が集まってきてることもあって、人と人とのつながりがわりと希薄だったりする。よそからの流入が多いところだと、あんまりおばちゃん感が出ないんですよね。

仲野　大阪でも、北摂なんかだと全然ダメですね。

谷口　やっぱり、お互いの顔がわかってるなかで、あけすけにやってる部分があるような場所じゃないと、なかなかおばちゃん化していかないみたいです。

仲野　お互いを知ってるからこそ多少口が悪くても許されるところがあるし、近隣同士で「あの人は、ああいう人やから」ってコンセンサスが取れてるから、「あの家やから、負けといたろか」という話にもなったりする。おばちゃんが生まれるコミュニティでは、そういう人間関係ができてるっていうことなんでしょうね。ちなみに、「負けといたろか」は、ちょっとした捨てゼリフみたいに使うことが多いですね。

谷口　「負けといたろか」「このへんにしといたるわ」は、自分で話し始めて、言いたいことさんざん言ったら自分から終わるみたいなことですから、よう考えたらスゴイですね。

仲野　「よう知らんけど」も、力技。さんざん説明しといて「よう知らんけど」って言い捨

てるパターン、大阪じゃ定番です。

谷口　ある人についてえらい知ってるみたいに話しといて、「会うたことないねんけど」って終わることとかも、平気でありますし。

仲野　最後に逆ギレするのも、おばちゃんにはありがち。そうなったら、周りが「負けとこ」ってなるしかない。だいたい、相手に負けさせるのもおばちゃんの極意やから、武道やったら達人レベルです。だいたい、勝負は最初っからおばちゃんの勝ちに決まってる、という意味ではプロレスみたいなもんやから、おばちゃんに勝とうと思うのがそもそも間違いですわな。でも、おばちゃん同士が争いになった場合は、どうなるんですか？

谷口　仲いい相手でも、おかしいと思ったら、わりとはっきり口にします。この人のここは好きやけど、それとこれとは話が別という考え方がわりとできるんで、言いたいこと言ったら後はそれほど引きずらないんですが、納得いかないことに対しては、最後まで「そんなん、わからへんわ！」と言ってます。

仲野　「わからへん」も「負けといたる」くらい武器になりますね。「よう知らんけど」もあるし、おばちゃんって必殺技多いなぁ。先生は極端な年齢からおばちゃんしてはりますけど、普通、おばちゃんになるのは五十歳くらいですか？

谷口　三十代後半から四十代くらいかなと思います。子どもさんがだんだん大きくなって

きて、子どもを通したコミュニティのなかで「○○ちゃんのおばちゃん」と言われるようになるあたりから、だんだん自覚が出てくるみたいです。

仲野　最近は晩婚化して、出産年齢も高くなってるから、おばちゃん化も遅くなってるかもしれませんね。

谷口　お子さんがいらっしゃらない方は、四十代でもまだおばちゃんじゃないって考える人が多いように思います。そういう意味では、いまは頑張らないとおばちゃんになれない部分がある。でも、おばちゃんになるのは、ある種の女性解放だと私は思ってるんです。アジアには、女は若いほうがええいう傾向があって、日本では女といったらお母さんかオネーチャンの二種類しかいないという思い込みが根強くある。要するにロリコン社会で、それが結局はオッサン社会でもあるわけで。

仲野　成熟した女性という概念が、男の側にないわけですね。

谷口　フランス語でゆうと、あるのはマドモアゼルかママンだけで、マダム＝おばちゃんがない。そんなアホなと思いますが、だからこそ「おばちゃんでええねん」と言い切れる開き直りがあれば、世の中にマダムが増えて、結果的には社会全体を成熟させるとも思うんですけどね。

仲野　尊大で上から目線のオッサンは、自分の地位やキャリアにかしずいてくれるオネー

チャンが好きだけど、おばちゃんはそんなこと絶対にしてくれない。そう考えると、おばちゃんはオッサンたちの天敵かもしれませんなぁ。

大阪の柄もの文化

谷口　オッサンは、「オレは会社でこれだけ偉いのに」とかって思ってるから、おばちゃんが対等に話し出すと気に障《さわ》る。そういう態度を女の側が面倒くさがって迎合してると、オッサンがどんどんロリコン化していく一方です。ロリコン社会で困るのは、女性が若くないとあかんという強迫観念を持ってしまいがちなことで、その典型が〝美魔女〟。天然自然の美魔女はともかく、周囲の目を気にして美魔女をやってる人からすれば、おばちゃんになんて、とてもなれない。こと東京に関していえば、自分は洗練された都会の女性になってるはずなのに、実は地方出身者であるということを負い目に感じてる人が一定数いるようで、おばちゃんを見るとかつてのあか抜けない自分が思い出されて、まるで傷をえぐられるかのように感じるのだと言われたことがあります。

仲野　それ、ひょっとしたら、おばちゃんのことが羨ましいんとちゃいますか？

谷口　自分のこと、おばちゃん言えたらほんまに楽で、おばちゃんになることが女性解放

になるってゆうのは、そうゆうことなんです。おばちゃん党をつくって、私と同じ歳くらいの女性でもおばちゃんを自称する人が増えたんですが、いまはやっぱり美魔女勢力のほうが右肩上がりで、逆におばちゃん人材は不足気味。そこは経済的要因も大きくて、美魔女はエステだ高級ブランドだって市場に結びつくけど、おばちゃんはまったく結びつかないんですよね。

仲野 洋服でも何でも、おばちゃんは安くてナンボやし。

谷口 よそ行き↓普段着↓寝巻↓雑巾あるいは玄関マットみたいな感じで、着んようになったときに使い道があるかどうかも大事なんですよ。

仲野 よそ行きが、だんだんステップダウンしていくわけですね。大阪のおばちゃんってヒョウ柄の服着てるってよういいますけど、そんなむちゃくちゃ多くないですよね**……って先生、よう見たらスカーフもバッグもヒョウ柄ですやんか！**

谷口 ヒョウ柄って汚れが目立たないので、長持ちするんですよ。それに、黒と茶でしょ？ 意外に地味な色の組み合わせなんです。大阪の柄もん文化ってゆうのもたしかにあって、朝鮮文化と沖縄文化の融合だと聞いたことがあります。昔、「カルピス飲んでカンカン娘♪」の「銀座カンカン娘」が流行ったころに、東京では小《ち》っちゃい水玉が流行ったけど、大阪では大きな水玉が流行ったっていわれてるんですよ。

仲野　大正区は、沖縄出身の人がすごく多いですもんね。ヒョウ柄は汚れが目立たない、それに、実は地味やという説は今日初めて聞きましたけど、ものすごい説得力あります。

谷口　お友だちのお母さんが、**上ヒョウ柄、下ゼブラ柄っていでたちだったことがあるんですけど、「無難やろ」ってゆうてました**（笑）。「それ、肉食と草食やん！」とか、突っ込みどころ満載なのに。突っ込まれると、言われたほうも「勝った！」みたいな顔するんですよね。

仲野　おばちゃんは基本的に、勝ち負けにこだわりがありますからね。同じものでも、自分のほうが高う買うてたら、ものすごい悔しがるし。おばちゃん歴の長い谷口先生でもかなわんと思うおばちゃんって、いてはりますか？

谷口　自分より目上のおばちゃんはみんな尊敬してますけど、やっぱり母にはかないません。うちの母には「死ぬまでに○○行ってみたいわぁ」「死ぬまでにあれ食べてみたいわぁ」とか、「死ぬまでシリーズ」と呼んでる口癖があって。

仲野　そういうたら、うちの母親も、今度こそ最後いう〝最後の海外旅行〟に何回行ったかわかりませんわ。大阪のおばちゃんってオレオレ詐欺に引っ掛からないっていいますけど、あれ、ほとんど自分でやってるからです、きっと。死ぬまでシリーズも、一種の死ぬ死ぬ詐欺やし。

谷口　ダイエットは、やるやる詐欺。ただ、大阪のおばちゃんは、還元詐欺には引っ掛かるんです。還付金があるので、支払う前にこれだけお金を振り込んでくださいっていう、あれですね。

仲野　還元詐欺は、オレオレ詐欺と違って、自分のパターンにないから引っ掛かるんかもしれんなぁ。

おばちゃんの「飴ちゃん精神」

仲野　いままでの話からすると、大阪のおばちゃんの典型は、まず世話好きで……。

谷口　お節介で、ようしゃべる。どうでもいいんですけど、谷口真由美って名前のなかには「口」が九つあるんですよ。最後、美しいで締めてるんで……。

仲野　ようしゃべる別嬪さん。

谷口　（笑）。

仲野　「飴《あめ》ちゃん持ってる」も、おばちゃんならではですか？

谷口　私、いままさに持ってます。おばちゃんの鞄には飴ちゃん以外にも、「都こんぶ」とかペットボトルとか、いろんなものが入ってるんですが、あれは小腹が空いたときの、

一種のサバイバル術なんです。なので、もしどこかで災害にあって帰宅難民になったとしても、おばちゃんのそばにいたら、とりあえず半日くらいは食べ物に困りません。飴ちゃんに関していえば、ようしゃべるから持ってるとこもあって、しかも食べるときには周りにも飴ちゃん振る舞いしないといけない。研究会なんかでも、女性の先生ばっかりの会へ行くと、もう、おやつ祭りです。

仲野　ほんまですか？　そんなん持っていったことないし、持ってきてる人も見たことないなぁ。

谷口　もちろん、ずっと食べてるわけではなくて、議論がもたついたり、白熱したときに、誰かがカサカサいい出すんです。要するに息抜きで、残ったら残ったで、みんなでちょっとずつ持って帰ったり。これを私は「おばちゃん研究会」と呼んでるんですけど、大事なのはとにかくみんなで分けること。なので、わざわざ買わなくても、もらい物の残りとかでまったくかまわないんです。

仲野　贈与の精神ですね。正しいおばちゃんは、ケチにして気前がよくないとダメなんですね。

谷口　大阪弁でゆうと、「始末する」って概念ですよね。絞るとこは絞らなあかんし、必要なときにはポーンと出さなあかんといった意味です。

仲野　上手なシブチンは、褒められますよね。金の使い方がうまいゆうのは、大阪では最高レベルの人格者ですから。

谷口　どんだけ賢い買い物して、どんだけ元取ったかが、いちばんの自慢のタネにもなるから、ビュッフェ形式のレストランに行ったら、元取るまでは帰れへん。大阪のおばちゃん仲間の話では、もう食べられへん思っても、ゆっくり体をひねってまた元に戻すと胃のなかにスペースができるから、これを繰り返すといいんですって。

仲野　スゴイ技、伝授されてますね。でも、それって体に悪いような気がしますけど。いまテレビに出てる大阪のおばちゃんって、先生だけとちゃいますか？

谷口　そのおかげかどうか、最近は街中歩いてても、「あ、おばちゃんや」って声かけられることが増えました。なんで私のようなんが世の中でもてはやされるようになったのかというと、ひとつはわりと叱られたい人がいるからみたいなんです。

仲野　いまの子はあんま叱られたことないから、叱られるとけっこう新鮮やったりするみたいですね。

谷口　学生で多いのは、「活《かつ》入れてください！」ってパターン。就活中の学生なんかは、私のことを見つけると「パワースポット、来た！」って言ってます。

仲野　各町内会に歩くパワースポットみたいなおばちゃんがいたら、便利ですね。

谷口 そういう人が民生委員なのが、いちばんいいパターンだと思います。何かあったときに知恵出してくれるし、人とのつながりをもたらしてくれるという意味では頼りになるから。

仲野 お年寄りはもちろん、子どもたちにとっても、おばちゃんは頼りになる存在ですよね。家におじいちゃんおばあちゃんがいない今のような時代は、なおさら近所におっちゃんとかおばちゃんとかがおったらええと思うんですけどねぇ。

谷口 血のつながったおじいちゃんおばあちゃんじゃなくても、玄関開きっぱなしのおじいちゃんおばあちゃんがいてはって、昔はよくお菓子食べさせてくれたりしたんですよね。

仲野 飴ちゃん精神ですね。

谷口 シリアみたいな紛争地域でも、空爆の後にお母さんたちがごはんの用意を始めることから日常生活が始まるといいます。お腹を満たすことが、人間同士が争わへんための知恵やってわかってるんですね。おばちゃん党でも「ステルス（戦闘機）より豚まん！」って言ってるんですけど、そんなとこより子どもにお金使ったほうが、全然ええやないですか。

仲野 最近話題の「子ども食堂」も、大阪的おばちゃんが地域にそこそこおれば、なくてすむようなもんかもしれないですね。

谷口 それで、「今日お母さん遅いんなら、ごはん食べていき」「タッパーに詰めたるさか

い、持って帰り」とかって世話焼いたらね。そうやって子どもに目と手をかければ社会的不安も減っていくわけですから、防犯・防災にもつながるんですよ。ただ、おばちゃんやおっちゃんは、子ども食堂には向いてない。何か世話焼いたろと思うと、事前の連絡もなしにいきなり魚を持ってきて結局使えるタイミングがなかったり、制度の枠組みを考えないお節介をしてしまいがちなんですね。おっちゃんおばちゃんが活躍できるのは、公共よりは、あくまでプライベートセクターなんです。

全世界おばちゃんサミット！

仲野　なるほど、地域に一定数のおばちゃんとおっちゃんがいてたら、それぞれのプライベートセクターでうまいこと世話焼きして、それが社会のニーズを満たす可能性はありますよね。

谷口　あります、あります。介護なんかも、昔は在宅でやりましょうといちいち言われなくても、自然にやっとったわけですし。そこをわざわざ言語化したり、制度化したりしなくちゃいけないこと自体、発想としては貧困なのかもしれない。それよりも、おばちゃん増やすほうが、コスト的には安いと思いますよ。

仲野　おばちゃんは、お金の問題じゃなく、「役に立った」「ありがとう」とか言われたら、それでいいんですもんね。

谷口　褒められたら、どこへでも飛んでって、なんぼでもやります。

仲野　大阪のおばちゃんのお節介は、うるさいのと紙一重なところがあるので、「あのおばちゃん、うるさいけど、ええとこあるで」くらいの距離感なら、つきあい続けたいなぁという気はしますね。

谷口　いま先生がおっしゃったことは、実はすごく大事で、**ええところと嫌なところは別々に考えて、「嫌なとこもあるけど、ええところもあんねんで」と認めることが、私は正しい人権だと思うんです。**

仲野　そういう他者への寛容さは、周りとの信頼関係の有無も関係しているでしょうね。そういえば、こないだ、大阪駅のひとつ隣の福島いう駅で、めちゃくちゃローカル感ある喫茶店につい出来心で入ったんです。そしたら、来る客、来る客、みんなママに借金返してて。ちょうど月末だったから、ツケを払ってたんでしょうね。

谷口　「あるとき払いの催促なし」ってやつですね。人間同士の信頼関係がないとできないことです。

仲野　いまでもそういうコミュニティがあることにびっくりしたんですけど、あれも寛容

さがポイントなのかもしれんですね。ときどき損してもまぁええわ、くらいに思ってやったはるんちゃうかなぁ。

谷口 ずっと返しに来てた人があるときから来えへんようになっても、「そのうち来はるかもな」くらいに思う大らかさを、おばちゃんは持ってますね。数字もどんぶり勘定なとこ、ありますし。人間、ええかげんさと大らかさに救われてるところって、ありますよね。

仲野 たまーに、腹立つときもありますけど（笑）。

谷口 私、オックスフォードの英英辞典に「おばちゃん」を載せたいと思ってるんです。

仲野 「もったいない」の次は「おばちゃん」ですか！

谷口 今後大阪で「全世界おばちゃんサミット」を開催しようと思ってるんですけど、国連総会なんかを見ても、どうもオッサン主導やなぁと思うときがあって。そこからまったく自由になって、「もったいない」のワンガリ・マータイさん並みのおばちゃんたちが世界中から集って議論したら、すごい面白そうだと思いませんか？

仲野 「全世界世話焼き選手権」を開こうとかいう話になるかもわからないですね。

谷口 私がメディアに出ているのも、あの人の団体が主催するサミットやとわかったら、どっかの企業がお金出してくれへんかなっていう、ヨコシマな気持ちも実はあって。でも、カジノなんか造るより、全世界からおばちゃんが来たほうが、大阪は絶対活性化すると思

いますよ。

仲野　たしかに、そっちのほうがおもろいし、健全やし、ええことばかりですね。いやぁ、テレビで拝見しててめっちゃおもろい方とは思ってましたが、想像以上でした。先生、今日はありがとうございました。

谷口　仲野先生こそ話し上手で、めっちゃ楽しかったです。ありがとうございました。

9

楽しい上方落語案内

小佐田定雄

小佐田定雄

●

おさだ・さだお
一九五二年大阪府生まれ。
落語作家。狂言や文楽、歌舞伎など、
古典芸能の台本も数多く手がける。
『上方らくごの舞台裏』（ちくま新書）
など著作多数。

世にも珍しい「落語作家」を、それも夫婦で生業《なりわい》にしておられる小佐田定雄先生との対談であります。なんせ、落語作家さんですから、ほっといてもおもろいことをしゃべってくださるだろう。ということで、いつも以上に準備をせずに対談に臨みました。スンマセン。いちばんおうかがいしたかったのは、大阪と東京の落語の違いやったんですが、その差はどんどん縮まってきてるみたいで、メインの話題にはなりませんでしたわ。そんなマニアックな話は、おおかたの人には興味ないかもしれませんし、まぁええでしょう。

しかし、小佐田先生の繰り出される話、どれもがおもろいことに感心。プロの落語家さんに新作落語を提供されるんですから、話がおもろなかったら、それこそ、お話にならへんのではありますが。

新作落語の作り方から、大阪の落語界の現状、そして、圧巻は、歌舞伎にもなって大好評を博したあの噺《はなし》のこと。ここかと思えばまたまたあちら、ピンク・レディーの「渚のシンドバッド」（古っ）みたいな感じで話題はぴょんぴょん飛びますが、どれもむっちゃおもろいです。

この対談を読めば、上方落語のすべてがわかる、などということは決してありませんが、一緒にお楽しみください！

落語作家という仕事

仲野　今日はまず、先生のことを簡単にご紹介しとかなあかんかと思てます。大阪では落語や古典芸能の案内役的存在で、テレビやラジオにもよう出ておられますけど、全国的には、そのぉ、おそらく無名なのではないかと。

小佐田　いやぁ、まったく知られてない。これは、自信あります。

仲野　上方落語については、先生はイキジ……。

小佐田　生き地獄？

仲野　ちゃいます、生き字引です！　本業は落語作家ということですけど、なかなか珍しい仕事ですよね。

小佐田　放送作家やほかの仕事をやりながら落語を作ったりとか、そういう人はようさんいてはるんやけど、落語作家を表看板にして専業でやっているのは、私とくまざわあかねだけです。

仲野　そのくまざわさんは先生の奥さんなんで、まちがいなく**世界で一組だけの落語作家の夫婦**ですね。でも、落語作るだけで、食べてけるものなんですか？

小佐田　だから本書いたり、文楽とか歌舞伎とか狂言とか、古典芸能関係の台本もけっこうやってます。

仲野　落語作家になられてからは、どれくらいになるんですか？

小佐田　書き始めたんが一九七七年。

仲野　学生のときに書かれた作品を、（桂）枝雀《しじゃく》さんが上演してくださったとか。

小佐田　それが二十五歳のときです。

仲野　それは、お金になったんですか？

小佐田　最初のころは上演のたびに師匠からいただいてたんですけど、これ、いろんなやり方があるんです。台本をお渡ししたときにいっぺんにいただく場合もあるし。

仲野　上演するごとに著作権使用料が発生するみたいな印税方式もあるし、買い取り式もあるという感じですか。

小佐田　印税方式ゆうても、若手の落語家さんの場合は出演料なんてたかが知れてますから、その何割かゆうたら微々たるもんになるんです。

仲野　ええもん作ったら一生食べていける、というものではないんですね？

小佐田　それはないですね。

仲野　ある落語家さんに書かはったら、その噺はその人だけしかできないものなんですか？

小佐田　基本はそうですけど、その人が誰かに教えるのは、かまへんのですわ。ただ、教えるときには、必ずこちらにゆうてきます。そうゆうとこ、落語家さんはきっちりしてはります。

仲野　最近の新作は、落語家さんがご自分で作られるパターンが多いように思うんですが。

小佐田　大半が落語家さんの自作自演ですね。**「新作やりたいけど作られへん、ジャマくさい」とゆう人が、ウチに頼みに来る**んですわ。

仲野　作るのって、やっぱり難しいんでしょうね。

小佐田　これが意外に簡単なんです。みんな難しく考えすぎで、ものすごく凝ったストーリーを作ってまうんですけど、シンプルがいちばん。あらすじは一分くらいでさっと言えて、二分かかったらもうあかんなと思います。

仲野　「芝浜」なんかも、あらすじなんて二、三分で説明できますもんね。柳家喬太郎《やなぎやきょうたろう》師匠が、「ブルー・ライト・ヨコハマ」のメロディにのせて「芝浜」のストーリーを解説さ

れる「ブルーライト芝浜」を聞いて感動したことがあります。

小佐田　あれで複雑なほうで、われわれは「宿替え」（江戸落語の「粗忽《そこつ》の釘《くぎ》」）とか「道具屋」とか、あんなんいちばん作らなあかんのです。ストーリーがないようなんが、演じるほうは難しいけど、聞いたら面白い。

東京はストーリー、大阪は笑いの追求

仲野　今日いちばん聞きたかったことのひとつは、やっぱり東京と大阪の落語の違いなんですが。

「芝浜」

腕はいいが酒ばかり飲んでいる魚屋の勝五郎。ある朝、女房に叩き起こされて魚河岸へ行くと、なんと大金の入った財布が！　浮かれ気分で酒飲みに拍車がかかる勝五郎に、女房が取った行動とは……？

「宿替え」

ある粗忽者が引っ越そうというときのドタバタ劇。大荷物を背負って出て行ったきりいつまで経っても新しい長屋に着かなかったり、ほうきを掛けるのに隣の部屋に先が出るほど長い釘を壁へ打ち込んでしまったり。

「道具屋」

いい歳になってもふらふらと遊んで暮らしている男を心配したおじさんが、道具屋を始めるように勧め、いろいろとお膳立てをしてくれる。ところが男は、客が来るたび、おっちょこちょいな対応ばかりしてしまう。

図19　噺とあらすじ

小佐田　いまはもう、だんだんなくなってきましたな。東京が大阪に寄ってきてるし、大阪も東京に寄ってきてる。東京の人は東京らしいしてほしいなぁいうのは、ちょっとありますけど。**笑いを執拗《しつよう》に追い求めると大阪的になってくるし、ストーリーを聞かせるようにしてくると東京寄りになってくる。**

仲野　二つが接近してきたのは、交通の便がよくなって、お互いが行き来するようになったからですか？

小佐田　まぁ、そうですね。東京の人でも大阪の落語聞くし、大阪の連中も東京の噺聞くし。こっちでも（春風亭）昇太さんとか（立川）志の輔さん、（立川）談春さん、（柳家）三三《さんざ》さんなんかは、大入り満員になりますからね。

仲野　喬太郎さんも、チケット全然取れませんよね。レベルの高い人にどんどん来られるのは、大阪の落語家さんにとって脅威なんとちゃうかと思うんですけど、どうなんでしょう。

小佐田　心ある人には、脅威だと思います。せやから本当は大阪も、もっと向こうに行かなあかんのです。

仲野　とはいえ、東京にもつまらない落語家さんはいてはるんじゃ……。

小佐田　ノーコメント（笑）。大阪に来てはるのは、すごい人ばっかりです。

仲野　お互いが盛んに行き来するようになったのは、ここ数年くらいですかね？

小佐田　昔はたぶん、来てもあかんゆうのがあったんです。（古今亭）志ん朝師匠くらいかな、来てもOKやったんは。あとは、（立川）談志師匠とか。

仲野　本当のビッグネームだけですね。

小佐田　志ん朝師匠以外は、みんな「言葉がわからへん」とか言われて。それと、最初、大阪の人間は、東京の人間はエラそうにしてると思ってたんやね。

仲野　こっちの人間からすると、東京の人の物言いって、なんかエラそうに聞こえますからねぇ。

小佐田　言葉に関しては、東京の人より、富山の人である志の輔さんとか、静岡の昇太さんとかのほうが、わりとわかりやすいんです。

仲野　あぁそうか。**東京ネイティブスピーカーより地方出身の落語家さんの言葉のほうがわかりやすい**ゆうのは、逆説的でおもしろいですね。

小佐田　そういう人のほうが、わからへん言葉をどこまでわかるように変えなあかんのかが、ようわかってはるんです。大阪でゆうたら、（桂）米朝師匠がそう。姫路の方で、師匠の（四代目桂）米團治《よねだんじ》というお方にずっと直されてるから、お弟子さんの訛りに対してもものすごく厳しい。

仲野　姫路と大阪で、そんなに違いますか？

小佐田　（六代目笑福亭）松鶴師匠なんかは、「米朝？　あんなん、大阪弁ちゃう」とか、いろいろゆうてはったみたいやけど。でも、たとえば〝へんねし〟ゆう、ネイティブの大阪人である六代目がそのまま使《つこ》てる言葉を、米朝師匠は〝やきもち〟ゆうふうに変えている。そうゆう置き換えがうまかったからこそ、米朝師匠の落語は全国に行ったんです。そうじゃなかったら、大阪の落語は保存される芸になってた可能性がある。つまり、聞いてもわからへんのですから。

落語家も演目も増加中

仲野　松鶴師匠の晩年は、たしかに大阪の人間でもわかりにくかったりしましたね。それって世代によるものかと思ってたんですけど、ちがうんですね。逆に三代目（桂）春團治師匠はわかりやすかったですね。

小佐田　先代の（桂）文枝師匠も、歌みたいな感じでメロディがついてはったから、わかりやすかった。いちばん古風なのが松鶴師匠で、弟子の（笑福亭）仁鶴《にかく》師匠くらいの段階から、もう変えなあかんとわかってきたんでしょうね。仁鶴師匠は深夜放送のラジオで学生相手にトークをしだした段階で、わかれへん言葉をどう扱うか、試行錯誤してはったよう

に思います。

仲野　もう五十年近く前ですけど、僕らが中学か高校くらいのときに、若手の落語家さんがテレビやラジオにすっごく出はるようになった記憶があります。

小佐田　仁鶴師匠といまの文枝師匠、それに（月亭）可朝《かちょう》師匠が筆頭で、この三人がレギュラーの「ヤングおー！おー！」で（先代林家）小染、（桂）きん枝、（月亭）八方《はっぽう》、（桂）文珍といった若手が出てきたんです。

仲野　あのころは落語番組や、落語家さんの出演されるお笑い番組が、ようけありましたよねぇ。

小佐田　一人でしゃべれる、面白いこと言える。落語家はそういう点が、普通のタレントよりできたから。ラジオの放送なんか、落語家が足らへんようになった時期があって、各局取り合いやったんですよ。

仲野　大阪の落語家さん、かなり多くなってきてると聞いてますけど、どれくらいおられるんでしょう。

小佐田　二八〇人くらいかな。

仲野　東京はもっと多いんでしょうね。

小佐田　五〇〇以上いってるでしょう。

仲野　二〇〇六年に落語の定席《じょうせき》である天満天神繁昌亭（図20）ができた時分から、大阪の落語家さんは増えてるんですか？

小佐田　どんどん増えてますから、繁昌亭効果はあったと思います。昔は、大阪で落語やってるとこゆうたら、「その日はここで」とか、日ごとに案内せなあかんかったのに、いまは「繁昌亭来てください」ゆうたらええし、来たら来たでよそのチラシもいっぱいあるし。ゆうたら、繁昌亭が落語のショーウィンドーになってるんです。

仲野　繁昌亭ができて以来、実際に演じられる落語の種類も増えてきているのでは？

小佐田　増えてます。そこは、噺家個人が自分とこのネタを増やしてかんとあかんし。

仲野　それと比例して、先生のところへの新作のオーダーも増えてきてます？

小佐田　それは、ありますね。繁昌亭云々じゃなく、最近は（桂）雀三郎《じゃくさぶろう》さんとは、五分か十分くらいの長さの古典の珍しいネタを掘り起こしてます。

仲野　へぇ。雀三郎さんは（桂）枝雀師匠のお弟子さんで、見た目もかなりおもろい人。「ヨーデル食べ放題」という大阪ではけっこう有名な歌、歌ってはるんですよね。そう思うと、枝雀師匠のとこは、ユニークな人が多い気がするなぁ。

小佐田　たしかに、みんなおかしい（笑）。枝雀って人は、八人のお弟子さんが、全員八通りに違うんです。基本のところは似てるんですけどね。大阪なら（桂）吉朝一門とか、一

図 20　上方落語の定席・繁昌亭

門みんなの色が違うってとこはほかにもあるんですよ。

仲野　師匠が同じでも個性がバラバラゆうのは、落語のええとこなんでしょうね。

小佐田　師匠のコピーになったら、師匠を抜かれへん。もちろん、最初はコピーでけへんようではあかんのやけど、問題はそっからどう行けるかで、商売できるのは自分の〝色〟ですから。

大阪の四天王

仲野　最近は、まくらとかで師匠の昔の話をするのが流行ってますね。どこまでほんまかわかりませんけど。

小佐田　松鶴師匠なんて、みんな晩年の声

色しかやれへんけど、米朝師匠に言わしたら「（松鶴襲名以前の）光鶴《こかく》の時分を聞かしてやりたい」って。昭和二十年代くらいの話やから録音も残ってないんですけど、松鶴一門の古いお弟子さんからゆうたら、「あんなんちゃうねん、うちのおやじは」って話で。

仲野　先生が直に聞かはったんも、だいぶちゃう感じしますか？

小佐田　ちゃいますね。もっとテンポがよかったし。

仲野　初代の春團治師匠なんかの録音を聞いたら思うんですけど、昔の落語って早口でわかりにくいのもけっこうありますよね。

小佐田　それは、その時代の言葉ですから。それに、当時はSPレコードで、片面三分に入れなあかんから、ダーッとしゃべってる。でも、実際聞いた人に言わせると、あんな速なかったたっていいます。ところが、それ聞いた仁鶴師匠は、昔はあんなテンポやったって思ぅて、自分も同じように早口でラジオに出はったんでしょうね。そしたら若い人に人気が出て。だから、ゆうたら怪我の功名やないかと思うんです。

仲野　仁鶴師匠といえば、深夜ラジオの「ABCヤングリクエスト」のなかに「仁鶴頭のマッサージ」いうコーナーがあって、めちゃくちゃ人気でしたけど、そんな裏話があったとは知らんかったなぁ。

ところで、大阪には四天王（＊1）といわれる超大物の落語家さんがいてはりましたけど、

四天王が亡くなられて以降、世代交代がうまく進んでると思ってええんでしょうか。

小佐田　自由になったといえば自由になった半面、怒ってくれる人がおれへんようになって指針を失った面もありますわな。

仲野　僕らくらいの世代にとっては、あの四人の印象がすごく大きい。これは、東京の人にはなかなかわかりにくいかもしれないですね。いまはもう、四天王に匹敵するような人はいてはらへんのでしょうか。

小佐田　後の世代はどんどん続いてますけど、四天王は別格で、東京やったら（桂）文楽、（古今亭）志《し》ん生《しょう》、（三遊亭）圓生《えんしょう》。このあたりと同じくらいの存在感です。極端な話、いまの上方落語のかたちをつくったんはあの四人で、あの四人は「お手本」なんです。もちろん昔から伝わってたものもあるけど、戦後、それがいっぺん滅《ほろ》んだのを、**松鶴が引っ張り上げて、米朝がその世界を広げて、文枝、春團治がそこにわーっと勢いつけて、最強の四人ができあがってくる**わけです。

仲野　なんとなく、東京の落語家さんのほうが、お手本に近いやり方しはるような感じがあるんですけど。

小佐田　それは、東京の落語は途絶えることなく伝わってきているからとちがいますやろか。上方は滅亡しかけて四天王から再スタートしたというところがあります。上方では四

天王がおらんようになった段階で、これからそれがお手本になるのかもしれません。

仲野　おらんようになったほうが、みな勝手なことができるゆうことはないんですか？

小佐田　たとえば、米朝師匠が生きてはったら、「こら、こう言うたほうがええねんで」ってゆうてくれはるんです、ある程度の人にはね。でも、おらんようになったら、みんな師匠の型をそのままやらなあかん。これ、難しいんです。師匠の型を継ぐのはええねんけど、それで固まってもうたらあかんし、勝手に変えたら思い切りヘンなことになってまう可能性もあるし。

古典落語はなくなるのか

仲野　（笑福亭）三喬さん、じゃなくて二〇一七年に襲名されたから松喬《しょきょう》さんがゆうてはったんですけど、社会が急速に変わってきてるから、古典落語は遠からず、文楽みたいに解説読みながら見るような芸になるんやないかと。

小佐田　そら、昔の台本をそのままやろうとしたらわからへんと思います。でも、そこは生の笑いの芸やから、微調整していける。あとは、聞くほうがその世界を楽しんでくれたらええのです。

仲野　でも、最近は、落語の何が面白いのかがわかれへんゆう人が、けっこういてはるみたいですよ。

小佐田　噺の世界が想像できない人は、いてはるでしょうな。漫才なんかは実際の会話やから、誰が聞いてもわかる。でも、落語はそこにいてない人同士が会話を始めるわけやから、聞く側に想像力がいるんです。まず、世間話ができる人、それを面白がって聞ける人は、合格。人と話すのもちょっと……って感じで、ネットの世界に入り浸ってるような人は、難しいかもわからへん。

仲野　先生が作らはる落語も、そういうのを意識して昔とだいぶ変わってきてます？

小佐田　うーん、発想なんかはあんまり変わらないです。

仲野　古典落語は、演じられなくなるやつが、これからなんぼでも出てくるでしょうね。

小佐田　一方で、さっきの雀三郎さんの話やないけど、復活さしたりもしてるんですよ。

仲野　それは、現代風にアレンジし直すという感じですか？

小佐田　現代風にはせずに、みんなが時代劇やドラマで見て知ってるような、あれくらいの加減で通じるようにします。

仲野　そういえば、「ぜんざい公社」は、大阪の落語ですか？　最近あんまり聞きませんけど。「ぜんざい公社」ゆう役所へ行ったら、いろんな部署でたらい回しにあって、木で

鼻をくったような対応されたうえに、肝心のぜんざいまで味も素っ気もないっちゅう話ですが。

小佐田　あれはもともと〝士族の商法〟ゆうて、明治維新で侍《さむらい》やめた人がしるこを売るようになったっていう「御膳汁粉《ごぜんじるこ》」という噺で、それが「改良ぜんざい」になって、「文化汁粉」を経て、「ぜんざい公社」になっていくんです。聞かなくなったんは、民営化とかで、ナントカ公社がなくなったから。それに、市役所も、愛想だけはものすごくようなってきてるでしょ？（笑）。それで「マキシム・ド・ゼンザイ」って、ただ甘いだけの噺を書いたんです。

仲野　なるほど、噺ってそうやって変わっていくんですね。そういえば、本で読んだんですが、江戸時代とか、昔の落語は「まくら」がなかったとか。

小佐田　なかったゆうか、まくら全体が噺になってくわけやから。噺家が「こんなことがありまして」ゆうてるうちに、それが噺になっていくんです。「引っ越しでこんなことありましてん」という「宿替え」みたいに。

仲野　大阪では、道端で人呼び止めてやってた芸が落語になったって言いますよね。

小佐田　はじめは、神社やお寺の境内でね。

仲野　かたや東京は、はじめからお座敷で。新宿とか浅草とか、東京には寄席があちこち

にありますけど、昔は大阪にもようさんあったんですか？

小佐田　これはもう、ぎょうさんありました。ほかに娯楽ないねんから。講釈の小屋なんかも、狭いところから五〇人くらいのところまで、「それこそそこらじゅうにあった」って三代目の旭堂南陵《きょくどうなんりょう》先生にうかがいました。

仲野　落語や講釈は、大箱じゃなくて、五、六〇人で聞くのがいちばん面白い気がします。繁昌亭でも、ちょっと大《お》っきすぎるかなぁという感じがします。

小佐田　米朝師匠なんかは、肉声で届かんとあかんてゆうてはりました。マイク通すと、声が、どうしてもただの音になってまう。生の声は、やっぱり風圧があるんですよ。

仲野　繁昌亭で二〇〇席ちょっとですね。

小佐田　それくらいなら、マイクなしで通るんです。でなきゃ、商売になりまへんわな。

落語「山名屋浦里」が歌舞伎になった

仲野　そや、先生にこれだけは聞いとかんと。二〇一六年に、歌舞伎座で、中村勘九郎・七之助兄弟の出演で話題になった「廓噺山名屋浦里《さとのうわさやまなややうらざと》」。あれは、先生が脚本を作らはったんですよね。

小佐田　あれはもともとタモリさんが「ブラタモリ」で吉原へ行かはって、いろいろ取材するうちに、ひとつ、ものすごくいい話を拾って。それで「笑っていいとも！」の楽屋で鶴瓶さんと一緒になったときに、「これ落語にしてよ」って話したところから始まったんです。私んとこへは最初、鶴瓶さんから「ちょっと相談に乗ってくれへんか？」って電話がかかってきて、それから東京の赤坂かどっかの蕎麦屋で、初めて厚みのあるタモリさんにお会いしました。

仲野　それまでは、テレビ画面で二次元平面のタモリさんしか見たことなかった（笑）。

小佐田　びっくりしましたよ、横から見て「厚みあるんや」て（笑）。それからしばらくしたら吉原の資料がどーんと送られてきて、どうしようかな思ったら、嫁さん（くまざわあかね）が、普段はそんなジャマくさいことやりたがらへんのに、そのときだけは「やらしてください」ゆうて。

仲野　それ、いつごろの話ですか？

小佐田　二〇一三年の春のことでした。そらもう、ああでもない、こうでもないゆうて、結局完成したのがその年の十二月の末で、鶴瓶さんがいまからハワイへ行くという前にタクシーで我が家に寄ってくれて、それ持ってったんですわ。そしたらハワイから「泣いた」って電話がきて。それから花魁《おいらん》言葉と侍言葉を勉強しはって、高座にかけるまでにま

た一年くらいかかって、二〇一五年一月に初演にこぎつけたんですけど、それが「山名屋浦里」という噺です。

その直後、テレビで鶴瓶さんと勘九郎さんが共演する番組があって、鶴瓶さんがそこで「山名屋」をやったら、勘九郎さんが「これ、歌舞伎になる」って言い出した……ゆうて、また鶴瓶さんから電話がかかってきました。で、わりとシンプルな話やし、「ほんまに歌舞伎になるかな？」と思てるうちに、鶴瓶さんが八聖亭《はっしょうてい》（二〇一六年に閉鎖）という（月亭）八方さんが席亭の小さな寄席で「山名屋」をやらはった。その日はたまたま大雨でね。ザーッという雨音のなかで話聞いてたら、花魁のセリフをしゃべっている鶴瓶さんの顔が一瞬中村七之助さんに見えて、そのとき初めて「これは歌舞伎にできる」と確信したんです。それまでは勘九郎さんの「歌舞伎になる」って言葉を「気楽にゆうてんなぁ」と思ってたんやけど（笑）、結局、台本は五日で書きました。

仲野　ええ!?　奥さんは一年もかからはったのに？

小佐田　元があるから、楽できる（笑）。しかも、落語んときとちごて、実際上演されるまでもすごく短かったです。

仲野　歌舞伎が上演されたのは二〇一六年八月。初日に行かしてもろたんです。

小佐田　あれは納涼公演で。千秋楽は、カーテンコールが起こったんですよ。

仲野　歌舞伎座では珍しいことで、鶴瓶さんやタモリさんも舞台に上がらはったそうですね。いやぁ、あれは脚色も衣装も道具もすごぅて、いままで観たなかでいちばん面白いと思うくらいの芝居でした。あれこそ、これから百年経っても演じられて、古典になっていくんとちゃいますか？

小佐田　勘九郎さんは、「息子の代まで伝えたい」てゆうてくれはりました。

仲野　「文七元結」とか、落語から歌舞伎になったのも、いくつかあるんですよね。

小佐田　そら、たくさんあります。「塩原多助《しおばらたすけ》」とか、「牡丹灯籠《ぼたんどうろう》」とか。

仲野　「廓噺山名屋浦里」は、久々の舞台化ということですね。もしかして、明治以来初めて？

小佐田　かもわからん。落語ができてから歌舞伎になるまでの時間も、いちばん速いんちゃうかな。

仲野　落語は、歌舞伎観た後に聞かしてもらいました。それぞれにええところがありますね。

小佐田　あれ、歌舞伎のええとこ、鶴瓶さんが新たに入れはったんですわ。だから、最初とは変わってます。歌舞伎でも、稽古の初日の本読みが終わった翌日に、鶴瓶さんが歌舞伎座の稽古場にやって来て役者さんたちの前で一席やったんです。そしたら、勘九郎さんが「落語聞いてそれぞれの役のイメージがはっきりわかったんで、みんなでもういっぺん

本読みをし直そう」ということになって……。

仲野　落語と歌舞伎の間で、セリフやアイデアが行ったり来たりしてるわけか。

小佐田　それが、お互いのええとこですわな。せやから、タモリさんがもともと持ってきてくれたもんと芝居は、ずいぶん違ってる。でも、千秋楽にちっちゃい声で鶴瓶さんに「ありがとう」って。鶴瓶さん、「タモリさんに初めて礼言われた」ってゆうてはりました。

仲野　これからまた、落語も歌舞伎も、どんどんようなっていくかもしれませんね。

小佐田　再演していったらね。いろんな人が観て、いろんな意見をもらって。落語の場合は、新作は一人しかやらへんネタゆうのが多いんですけど。

仲野　「山名屋浦里」も、いまのところ、タモリさんとの約束で、鶴瓶さんしかやったらあかんことになってるんですよね。

小佐田　「狐芝居」（小佐田さんが作った新作落語）やったら、吉朝さんがやって、ほかにもお弟子さんが何人かがやって、みんながいろいろとプラスしてくれるんやけど。せやから、若い子は、やりたいのがあったら、どんどんやってほしい。

落語と文楽で〝落楽〟

仲野　ご自分の作られた落語に後からプラスされたなかに、「ヘタなギャグ、つけやがって！」とか思うものはないですか？

小佐田　ま、それはウケへんから。

仲野　それがいちばんのクスリになると（笑）。逆に、これ、なんで自分で思いつけへんかったんやろなぁとかもありますか？

小佐田　あります、あります。でも、それはうれしいですわ。「ようやってくれた！」です。

仲野　それが後々、生かされていくんですね。

小佐田　生かされて、みんなのものになっていく。それは、芝居もそうですわな。

仲野　最後に、先生が書かはる噺についてもう少しだけ。作品は、基本的にはみんな大阪弁ですか？

小佐田　東京の人から頼まれたら、そら東京弁で書きます。（林家）正蔵さんをはじめとして、何人か書かせてもろてますわ。

仲野　作品を書かれるときには、誰が語るのかイメージして作らはるものなんですか？

小佐田　誰かに頼まれんと、書かれへんのです。ただ、京都でやってる「上方落語勉強

会」では、こちらから落語家さんを指定させてもろてます。新作を書くんですが、初演のときは題名はつけてない。

仲野　落語家さんがつけはるんですか？

小佐田　当日のお客さんが、投票でつけるんです。

仲野　おもろいシステムやなぁ。先生は、文楽と落語のコラボレーションとかもされてますよね。

小佐田　落語と文楽で〝落楽〟。

仲野　あれは、落語に合わせて文楽人形を動かすんですか？

小佐田　あと、文楽の面白いところや人形の遣い方なんかも説明して。女形の人形が、AKB48の「フライングゲット」踊ったりするんですよ。ちょっと曲が古いねんけど(笑)。

仲野　先生は新しもん好きやから、そうやっていろんなことにチャレンジされるんでしょうねぇ。

小佐田　そのほか狂言と落語を同じ舞台で演じる〝落言〟という舞台もやらせてもらってます。古典芸能は、どっかが必ずいまにつながってる。そこを見つけて、新しいかたちで表現するのが好きなんです。

仲野　普段から、なんかおもろいことないかぁ思って探してはるんですか？

小佐田　まぁ、腹立つなぁより、面白いなぁ思うことのほうが多いですね。

仲野　腹立つことでも、ひとひねりしたらおもろい話になったりして。

小佐田　そうなんですよ。結局、笑いは他人の悲劇（笑）。

仲野　先生、むっちゃ性格悪いんとちゃいますか？

小佐田　素直やったら、こんな仕事やりまへんわ。

仲野　いやぁ、今日も予想をはるかに上回る面白さでした。ありがとうございました。

＊1　六代目笑福亭松鶴・三代目桂米朝・三代目桂春團治・五代目桂文枝を指す。

10

地ソース百花繚乱

堀埜浩二

堀埜浩二

●

ほりの・こうじ
一九六〇年大阪府生まれ。
説明家、イベント企画制作会社社長。
音楽や街に造詣が深く、
著書に『ももクロを聴け！』、
近著に『困難な子育て』
（以上、ブリコルール・パブリッシング）がある。

東京と大阪、交通や情報が発達して、だんだんと違いがなくなってきたといわれます。けど、この対談シリーズだけでもよくわかるように、違うものもいっぱいあります。たとえば、大阪では肉といえば牛ですが、東京ではそうでもない。東京の居酒屋で肉じゃがを頼んだら、豚ミンチの肉じゃがが出てきてびっくりしたことがあります。詐欺やんけ、豚ミンチじゃがと言えよ。

だから大阪では、「肉まん」ではなくて「豚まん」です。しかし最近はコンビニを中心に、大阪でも肉まんという名称が普及してきたのは由々しき問題です。

もうひとつ、江弘毅さんとの対談で話しましたが、ポテトサラダとソース問題もあります。東京の居酒屋で、ポテトサラダを頼んで、「ソースちょうだい」と言ったら、けげんな顔をされてとんかつソースが出てきたことがあります。ウスターソースやないとあかんに決まってるやろ！

『決定版　天ぷらにソースをかけますか？』（野瀬泰申著、ちくま文庫）という名著があって、東京ではほとんどありえないようですが、関西ではけっこうな率でかけます。もちろん、お好み焼や串カツという大阪のローカルフードはソースが命。そういえば、豚まんもソースで食べたりします。

ということで、今回は、二〇一七年に『大阪ソースダイバー――下町文化としてのソー

スを巡る、味と思考の旅。』という素晴らしい本を上梓された堀埜《ほりの》のおじきとの対談です。どうぞっ！

『大阪ソースダイバー』著者、見参！

仲野　今日のソース対談はお好み焼でも食べながらということで、堀埜さんにこのお店（大阪・北新地の「がるぼ」）を紹介してもらいました。しかし、ここ、知らんかったなぁ。ここらへんは、しょっちゅう来てるのに。

堀埜　食べられへんもんは、ないですか？

仲野　ないですけど、ソース映えのするもんでお願いします。

堀埜　ここはもともと尼崎のお店で、名物がいっぱいありますから、そこらへんをパパッとつまみながら、後でソース映えのするもんもいきましょう。すんませーん、まず、あごすじ塩焼と、とん平焼。牡蠣のガーリックバターと、ずりの塩焼ももらおうかな。あとは、様子見てからお好み焼頼みますわ。

仲野　じゃ、まずは手始めに、大阪の地ソースについて聞いていきたいんですが。なんといっても堀埜さんは『大阪ソースダイバー』の著者ですから。で、その後で、地ポン酢の話もちょっと。

堀埜　私、ポン酢は門外漢ですよ。

図21　堀埜浩二・曽東政昭
『大阪ソースダイバー』
（ブリコルール・パブリッシング）

仲野　そこはまぁテキトーに話してもろたらええです。ポン酢だけに、あっさりと。しょうもな。それにしても、なんで『大阪ソースダイバー』っちゅうような本を作ろうと思わはったんですか？

堀埜　ある出版社の営業やった島田亘《わたる》さんが、独立してもいろクローバーZの本を出したいとゆうので、ももクロ全一

三四曲の完全解説ガイドブック『ももクロを聴け！』を書いたのがきっかけで。

仲野　堀埜さん、周りから「おじき」とか呼ばれてるバリバリのオッサンのわりにアイドルファンで、音楽評論もしてはるんですよね。でも、なんでそれがソースの本に結びつくんですか？

堀埜　『ももクロを聴け！』は、ゆうたら独立祝いみたいなもんやったのに、その後すぐに『アイドルばかり聴け！』を頼まれて、それで一段落すると思ったら「また出してもらわな、困る」って、いろんな企画を提案してきて。そのメモのいちばん下に「大阪ソースダイバー」って、タイトルだけぽこっと書いてあったんです。前の晩に、中沢新一先生の『大阪アースダイバー』を読みながら風呂入ってるときに思いついたらしいんですけど、それ見て「これ、いけるで」と思ったんです。

仲野　へ〜、そんな経緯があったんですか。『大阪ソースダイバー』ではソース工場の取材もしてはりますけど、あれは堀埜さんが全部行かはったんですか？

堀埜　大阪の地ソースを考えるうえでヘルメスソースは絶対外せなかったから、そこと大黒ソースは行きました。ほかは、共著者の曽束《そつか》政昭さんが行ってます。

仲野　大阪のソースメーカーでは、イカリソースが最大手？

堀埜　大阪のメーカーではね。でもいまとなっては、売り上げではオタフクとカゴメとち

ゃうかな。全国的に見たら、西は広島のオタフクで、東はブルドックやと思いますけど。

仲野　大阪でブルドックって、あんまり見ませんよね。

堀埜　入る余地がないでしょ。それだけ強固なソース文化圏ができたのは、イカリソースの功績が大なんです。東京でよく使うのは中濃ソースで、いまでこそ大阪のスーパーでも見るようになってきましたけど、そもそも関西では、昔はソースゆうたらウスターしかないくらいの勢いだったんですよ。それを大阪に広めたのが、イカリソースだったんです。

店員さん　はい、ずりと、とん平焼でーす。

仲野　豚バラを卵で巻いたんが、とん平焼。これ、熱いうちに食べたほうがええですわ。

ソース二度づけ禁止の真実

仲野　東京の編集者が、大阪の街をあちこち歩くと、串カツ屋さんの多さにびっくりしたと言うてます。

堀埜　串カツは新世界の「だるま」がいちおう元祖ということですが、その新世界でまずたくさん店ができた。その後、関西に来たら串カツを食べなあかんという風潮が広がって、キタやミナミにも新興の店が増えたんです。串カツは、ゆうたら誰でもできる料理なんで、

店始めるのも簡単だったんでしょうね。

仲野　誰でもできるなんてゆうたら、店の人に怒られるんとちゃいますか？

堀埜　もちろん料理がヘタやったらダメなんですけど、普通にやったら、まずいもん作るほうが難しいはずなんですよ。

仲野　たしかに、熱々に揚げてソースにどぼ～んとつけさえすれば、何でもうまなりそうな気はしますね。

堀埜　いまはジャンジャン横丁から通天閣まで歩くと、アジア人観光客の多さに驚くけど、私が成長期だったころは外国人なんていっさいいない。いるのは肉体労働者のオッサンたちばっかりで。

仲野　ソースダイバーに出てくる「ソース二度づけ禁止の真実」の件は、そこと深く関係してましたよね。

堀埜　大阪では一九七〇年の万博で高度成長の流れに入っていくんですけど、そのとき、六四年のオリンピックで東京に東北などから労働力が流れてきたのと同じように、

図22　串カツ屋が多い大阪の繁華街

大阪には四国と九州、とりわけ南九州から、かなりの人口流入があったんです。そういう人たちが肉体労働者としても多く住み始めたのが私が生まれ育った西成《にしなり》、釜ヶ崎あたりで、そこからいちばん近い繁華街である新世界で飲み食いするようになって。その流れから考えるに、串カツゆうのはそもそも、働いた後で汚れている労働者でもパッと食べられるようなものとしてできたんですね。

仲野　そういう意味では、よく考えられた食べもんなんですね。

堀埜　そうなんです。ただ、彼らは地方出身者で、街のルールなんて何もわからないから、後の人のことなんて考えないで、食べかけの串でもじゃぶじゃぶソースのバットにつけたりする。そこで出てきたんがソース二度づけ禁止で、いわば街場のマナー教育のためのルールだったんです。

ウスターソースは水でうすめる？

店員さん　はい、牡蠣とあごすじでーす。

堀埜　あごすじは、顎の周りの肉やからちょっと硬いんですけど、ここに乗ってるヤンニンジャンつけて食べると、うまいです。

仲野　串カツ屋のあのバットのソースって、けっこうな量でしょ？　毎日、かなりの消費量でしょうねぇ。

堀埜　私らが子どものころは家でもよう使ってましたけど、いまいちばんソース使うんは、お好み焼屋と串カツ屋です。店に卸す場合は、メーカーとしてはたいがい店ごとに専用のものを作らなあかんのですけど。まず、店のおばちゃんがソースメーカーにゆうんです。「うちはあんたんとこのソースと○○のソースを混ぜて、こんな味でやってんねんけど、それあんたんとこで作ってくれたら、それだけでやっていかれるんやけどな〜」って。これが、メーカーに対する店側の頼み方の基本で、串カツもお好み焼屋も同じです。

仲野　メーカーはそれに応じて、その店独自のソースを作るということですね。

堀埜　「アタシ歳やし、もう混ぜるの面倒くさいわぁ」とかゆうて。ほんまは大した手間じゃないのに、それを秘伝とか言ったりもして。

仲野　でも、食べる側って、そんなにソースのこと気にしてますやろか？

堀埜　まず、してない。特にお好みの味なんかは、ソースだけやなく、具の大きさや焼き加減も合わせたトータルの部分で決まってくるものですし。

仲野　それでも、店がソースの配合に細かくこだわる理由は何なんです？

堀埜　おいしさゆうのは、いろいろな要素の微妙なバランスで成り立ってるものですが、

お好み焼や串カツのおいしさでソースが占める割合は、だいたい一割くらいのもの。でも、ものの味を決めるときに、一割っていうのは絶対に捨ておけない数字やし、残りの九割は誰がやっても似たようなことになるという意味で、逆にこの一割がいちばん大事だったりするんですよね。

仲野 ソースダイバーのなかで利きソースしてたんは、そこを掘り下げる意味もあったわけですか。比べてみると、やっぱり全然違います？

堀埜 醬油寄りのものから、ウスターソースに近いもの、澱成分が多いどろソースっぽいものまで、かなり幅があります。どこのメーカーも食べる側の嗜好に合わせて作ってると思うんですけど、いろんなソースを食べてみて思ったのは、日本人の味覚はいま、子どものそれになってるゆうこと。というのも、全体的に苦みや渋みや酸味を排除する方向に進んでいるんです。昔のソースは酸っぱくて、創業当時のイカリソースもかなり酸味が強いんですけど、あれ、いまの子どもらの味覚には絶対に合わへんでしょうね。

仲野 それで最近は、甘い系のソースがもてはやされるのか。でも、串カツは完全にウスターですよね。

堀埜 ただ、一般的な串カツ屋ゆうのは、ウスターソースを水で薄めてます。

仲野 え、そうなんですか⁉

堀埜　そのままだと味がキツイから、ちょうどいい味になるよう、「ちょっと昆布茶入れよか」とか、「砂糖足したれ」とか、各店で薄め方を工夫してます。それはまぁ、ゆうたらしょーもない工夫なんやけど（笑）、そのしょーもない工夫が下町の人間の食への愛情で、そこにこそ店独自のうまさが出てくるものなんです。

仲野　まさに味の一割が、ものをいうわけか。

堀埜　でも最近は、串カツ専用のドボ漬けソースゆうのを最初から作ってて、チェーン店の串カツ屋とかはそういうソースを仕入れてます。

仲野　初めてイギリスに行ったとき、本場やからウスターソースがレストランのテーブルとかに置いてあるかと思ったら、ほとんど見かけなくて、あっちじゃあんまり使わへんみたいですね。僕らの世代は、まだ、ウスターソースはハイカラなもののひとつとして舶来物やというイメージがあったから、あのときのショックはけっこう大きかったなぁ。

堀埜　イングランドのウスターシャーに行ったらリーペリンゆうソースメーカーがあるでしょ？　あれがまず洋食文化と一緒に日本に入ってきたんですけど、洋食食べるのにいちいちソース輸入してたら高《たこ》ぅつく。なら、こっちで作られへんかゆうてイギリスまで勉強しに行って、それから国内でも作り始めたんです。

仲野　『ソースダイバー』には二〇以上のソースメーカーが紹介されてますけど、なんで

そんなに細分化していったんです?

堀埜　本ではミナミやキタを含めて、いろんな街のお好みの店に行ってますけど、「ここらのお好み屋や串カツ屋にソースを卸せば、いけるんちゃうの?」と考えた商売人が、地域ごとにいた結果です。最初に洋食が入ってきたんは神戸で、そこから北上するタイミングで関西ではイカリソースがリードしたんやけど、家庭や地元の店に細かく流通させるには、その土地土地でソース作らなあかん、ゆうことだったんでしょう。ちなみに、うちはイカリ。

仲野　昔はイカリやったかなぁ。最近は、近所で製造されてるからという理由だけで金紋《きんもん》ソース。商店街に、ちっさいお好み焼みたいなキャベツ焼の店があって、そこで金紋ソースも売ってあるんです。でも、金紋ソースってそこ以外ではあんまり見ませんね。だいたい地ソースって、その土地以外にはあんまり出回らんのでしょうか。

堀埜　最近はネットで販売しているものも多いですけど、基本的には、それだけ大阪の街にベタッとくっついとるもんなんでしょうね。

三大黒褐色液とは？

仲野　『ソースダイバー』でいちばん面白かったんは、得体の知れなさも含めて、**ハイカラでおいしいものとして日本人が受け入れた「三大黒褐色液」**なるものがあると、おじきが看破《かんぱ》したとこ。

堀埜　あそこが、あの本でいちばん重要なセントラルドグマです。

仲野　それはまた、大きく出たなぁ（笑）。その三つは、コーヒーとコーラ、それとソースなんですよね。

堀埜　西洋文化の象徴としてソースが普及し始めた当初は、日本人にとってソースゆうのは、黒くて、わけのわからんものだったはずなんですよ。ソースに限らず三大黒褐色液はみんなそうで、それを嗜《たしな》むのが大人で、ハイカラで、かっこええねんとやみくもに思う時代があったんです。

仲野　それが、社会の成員になるための通過儀礼みたいなもんやったんでしょうね。うちの祖母が初めてコーラ飲んだときに、なんや茶色いサイダーみたいなんが出されたから飲んだけど、おいしくなかったとはっきりゆうてましたわ。

堀埜　日本でコーラが普及したんは、若者たちが海辺で、水着姿で飲んでるんがかっこええ

えいうイメージが、一緒に刷り込まれたからです。さ、そろそろソースのもん、何かいきましょか。

仲野　いいですね〜。

堀埜　ほな、せっかくやから、ここのスペシャルを。すんませーん、がるぼ焼〜。

店員さん　うどんとそばは？

堀埜　そばのほうで。焼きそばは、豚そばください。がるぼ焼は、お好み焼にそばが入ったモダン焼です。

仲野　広島風のお好み焼にも、そばは入っていますけど、違いますよね。

図23　大阪・北新地「がるぼ」の名物、がるぼ焼

堀埜　広島風はクレープ状の生地にそばが乗せてあって、モダン焼は生地もそばも混ぜこぜです。

お好み焼は地域ごとの地元料理

堀埜　『ソースダイバー』にも書きましたけど、お好み焼は地域ごとの「地元料理」

なんです。**郷土料理の街版が地元料理**だと考えてください。大阪には中学校の校区ごとにお好み焼屋があって、校区が違うお好み焼屋には、その地域に住んでる友だちと一緒やないと入られへんのですよ。

仲野　以前、江（弘毅）さんと対談したときも、同じことゆうてはりましたわ。行きつけ以外のお好み焼屋は、おそらく初めて入るスナックくらい敷居が高いですよね。

堀埜　でも串カツは、そんなことはまったく関係ない。串カツは新世界の食べ物であり、繁華街の食べ物ですけど……。

仲野　お好み焼は超地域密着型やから、店もだいたい街に溶け込んでひっそりしてます。大規模チェーン店以外で有名な店は、ほとんどないですし。ただ、長年やってる店ゆうのは、けっこうありますね。

堀埜　ベースは家族経営ですから、世襲なんです。

仲野　それじゃぁ正直、儲からへんやろなぁ。

堀埜　普通のお好み焼屋なんて、ビール飲んでも一人一〇〇〇円程度ですわ。でも、お客がよう入る繁華街の店は鉄板焼のメニューもあって、客単価がずっと高いから、本当の下町のお好み焼屋とは感覚が違います。客単価が違うといえば串カツと串揚げもそうで、串カツをちょっと高級にしたんがコースで食べる串揚げです。

仲野　お好み焼で地ソースを楽しむとなると、敷居は高いけど、やっぱりその土地の店に行ってもらいたいなぁ。「東京から来ました！」ゆうたら、案外ウェルカムな気もしますしね。いろいろと根掘り葉掘り聞かれて大変かもしれんけど。

堀埜　『ソースダイバー』持って「この本、見て来ました！」ってゆうたら、ＯＫです。地元料理は、店と客との顔を突き合わせたコミュニケーションがまず前提としてあるんですけど、『ソースダイバー』はそれを仲介してくれます。

仲野　知ったふりして入るのが、いちばんあかんいうことですね。まず、店のおばちゃんにちゃんと挨拶せんと。そういえば、イメージとしては、お好み焼屋はおばちゃんがやってる場合が多いですよね。

堀埜　その家の副業としてスタートしてるパターンが多いから。こと大阪に関してゆうと、八百屋とお好み焼屋の併設が、めちゃくちゃ多かった。「店ヒマやし、せっかくキャベツ売ってるんやから、お好み焼屋でもしよか～」ゆうことです。

お好み焼は「粉もん」やない

仲野　どっちかいうと、お好み焼は粉やのうて、キャベツを食うもんやから、キャベツが

おいしい時期はお好み焼もおいしいんですよね。

堀埜　だから、お好み焼に「粉もん」ゆう表現は、当てはまらない。

仲野　お好み焼における粉の位置づけは、つなぎにすぎないですからね。

堀埜　「粉もん」って本当に雑な表現で、私らの世代で粉もん言われたら、きな粉やはったい粉ですわ。

仲野　はったい粉は、東京でゆうところの麦こがしのことですね。たしかに粉もんっていう言葉、普段は絶対に使わへんもんなぁ。

堀埜　ところが最近は、お好み焼やソース関係の人間が率先して「粉もん」とゆう傾向があって。

仲野　それ、ソース文化の退廃につながるんじゃないですか？

堀埜　お好み焼、たこ焼、いか焼、それにうどんまで、それぞれに出自も成り立ちも違うものを無理やりまとめて表現しているという意味で、メチャクチャな言葉やと思います。だいたい、言葉自体がおいしくないでしょ。それが、いちばんよくない。

仲野　まさか、広辞苑にも「粉もん」って載ってんのとちゃうやろうなぁ……。いまの若い子らは、「粉もん、食べに行こ」とか言いますか？

堀埜　言う子もいます。

仲野　けしからんな。それやったら「ソース系、食いに行こか」のほうが、まだましやな。

堀埜　「今日は、ポン酢やな」とか、調味料で表現するほうが、感覚的にはわかりやすいですね。

地ポン酢の話

仲野　ここらで地ポン酢の話も、少しお願いいたします。堀埜さんは門外漢だっておっしゃってましたけど、大阪って地ポン酢もいっぱいありますよね。東京にはないでしょ？　東京でも見かけることのある旭ポンズは、おいしいですね。

堀埜　大阪のポン酢の代表ですね。関西の人間にとっては、ポン酢といったらてっちりで、てっちり屋では、手搾りの柑橘系果汁と醬油を、串カツ屋のソースよろしくオリジナルブレンドしてるんです。

仲野　関西では冬になるとてっちりを食べますけど、湯豆腐とか、ほかの料理でもポン酢はけっこう使うからか、旭ポンズなんて一升瓶で売ってますよね。さすがにあれは多すぎる気がするんやけど、誰があんなに使てんねやろ？

堀埜　うち、買いますよ。

仲野 あれ、ひと冬で使い切れます?

堀埜 使い切りますね。面倒くさかったら、すぐ鍋とか〝ちり〟とか湯豆腐とか、するじゃないですか。

仲野 スープに味がついてるのが鍋。

堀埜 昆布だしで具を煮て、それをポン酢で食べるのが〝ちり〟。てっちりの〝ちり〟ですね。

仲野 しゃぶしゃぶもポン酢ですけど、ポン酢とごまだれ混ぜて食べるのもおいしいですよね。

堀埜 ごまポン酢だれって商品も、ありますよ。

仲野 そんなんあるんですか!? また、横着な。そんなもん、家で混ぜたらよろしいやん。

堀埜 ごまポン酢だれは、ミツカンのがうまいんです。しゃぶしゃぶにもええし、ドレッシングとしても使えて、うちでは常備してます。

仲野 東京の人はあまり知らないと思いますけど、尼崎にはポン酢の種類が多いんですよね。あれは、どうしてなんでしょう?

堀埜 尼崎は色街があったとこやから、昔は料亭なんかもものすごいあって。関西では冬になると、てっちり専門店以外の料亭や割烹でもてっちりを食べるのに手搾りのポン酢を

使うから、おそらくその名残です。

仲野　ポン酢は、ひょっとしたら作るの簡単なんとちゃいますか？　うちの近所でも、好きに作って売ってるとこありますもん。

堀埜　ソースと一緒で、オリジナルブレンドゆうても、大したことしてないと思います（笑）。

仲野　でも、小規模な店の手作りのポン酢って、食べると幸せな気分になるんですよね。もちろんおいしいし、それだけでなくて、たぶん新鮮やろうという感じもするし、添加物のない安心感ゆうのもありますね。相場より、ちょっと高いんやけど。

店員さん　がるぼ焼と豚そばでーす。

仲野　来た、来た！　さ、熱いうちに食べよ。ん、このソース、ちょっと甘めでおいしい！　どこのソースやろ？

堀埜　兵庫・篠山《ささやま》の七星《ななぼし》ソースにフルーツを混ぜ込んだオリジナルです。

仲野　ちょっと吉田さん、なんでいきなりお好み焼のど真ん中にコテ突き刺してるんですか！　食べる分だけ、端からこうへつって（少しずつ削って）いかないと。真ん中はソースがようけ乗ってるでしょ？　そういう味の濃い～ところは、最後に食べるんです。わかってないなぁ。

目玉焼きはソースか醤油か問題

堀埜　兵庫は神戸の洋食文化があるし、京都でもそら使いますけど、単純に大阪がいちばん人口が多いのと、出稼ぎの人が多かったゆうのがセットで、ソースを使う人も場面も多くなったゆうことやと思います。大阪への人口流入が圧倒的に多かったのが一九六〇年代から七〇年代にかけて。

冒頭で話したイカリソースがいちばん儲かったのもこの時代で、地ソースがあるとこは別として、たいがいどこの家もイカリだったんですよね。私もイカリで育ったんですが、旧イカリソースに慣れた人間は、普通のウスターソースや最近のイカリだと、若干酸味が足りない印象がある。でも、イカリでもレトロと銘打って出してるソースは昔ながらの味で、われわれにはこれがおいしいんです。目玉焼きにかけたら、うまいですよ〜。

仲野　目玉焼きはソースか醤油か問題ですね。いまは迷うけど、昔は基本的にソースかけてたなぁ。

堀埜　目玉焼きって本来洋食で、ハイカラなもんやからソースが合うんですけど。天ぷらにもソース、合いますよね。

仲野　大阪では、天ぷらといえばソースです。あんなにおいしいのに、全国区にならへん

のは、なんででしょう？　東京で天ぷらにソースかける人の率は、たったの三パーセントというデータもあるみたいです。

堀埜　その三パーセントって、間違いなく関西から行ってる人間でしょ（笑）。東京は、天つゆか塩の文化やから。

仲野　でも意外とおいしいから、試してみてほしいなぁ。ただし、とんかつソースでも中濃ソースでもなく、ウスターでないとあきませんね。ちなみに、ポテトサラダも絶対にウスターソースでないとダメ。どっちもソースがしみ込んだところが、うまいんです。

堀埜　ビシャビシャにならない程度にね。ソースつけた天ぷらでおいしいのは、まずタマネギ。

仲野　僕もいま、それ言おうと思った！

堀埜　あと、サツマイモ。

仲野　イワシもうまい。大好きです。ほんまは紅ショウガもええねんけど、東京にはないからなぁ。よっしゃ、今回の対談を機に、「東京でも天ぷらにソースを」運動を展開して、そのおいしさを広めましょう！

「天ぷらにソースを」「大阪へお好み焼を食べに来よう」運動

仲野　九州の甘いたまり醤油の文化が大阪の食に影響を与えたということはないんでしょうか？

堀埜　九州出身の人にとって、ソースがたまり醤油的な存在である可能性はありますね。だから、串カツにソースをつけて食べることにも違和感がなかったのかもしれない。

仲野　いまみたいにソースが甘くなる傾向にあると、大人への通過儀礼としての意味がソースからは消えてしまうのとちがいますか？

堀埜　おそらく、そうでしょうね。いまの日本の食文化におけるソースの地位も、ずいぶん低くなってますし。

仲野　もう、ハイカラなもんでもないしなぁ。じゃぁ、ソースメーカーも減ってきてるんですか？

堀埜　そやから、メーカーは生き残るために、いろんな種類のソースを作るようになってます。どんな業種・業態にも言えることですけど、最初はある商品だけを作っていればよかったのに、いまはお客の嗜好《しこう》に合わせて何種類も作って、トータルの客数が減らないような工夫をせなあかんようになってるんです。最近は、冷蔵庫の棚がソースで一段埋まっ

図24　大阪の地ソース・地ポン酢
（左から「谷町ぽんず」「星トンボソース」「ヘルメスソース」「金紋ソース」「旭ポンズ」）

てる家とか、ありますよ。

仲野　ホンマですか？　そこまで使い分けんでもええような気もしますけど。ウスターとか
とんかつソースがあれば、だいたい足りますわな。

堀埜　ソースをいっぱい揃えている家は、これにはこのソース、あれにはあのソースを合わせるって食生活を楽しんでるんですよ。お好み焼屋が秘伝のソースやゆうて工夫してるのと根は一緒で、しょーもない、いわばビンボー人の楽しみですわ、われわれみたいな（笑）。

仲野　もう、ボロクソやな（笑）。

堀埜　でもね、真面目な話、ビンボー人はビンボー人で、ささやかな食の楽しみを忘れないとゆうのが、食文化を醸成するうえ

ではすごく大切なことなんです。それこそ〝ブリコルール〟の世界で、高い材料を使う云々じゃなく、これしかない、そのありものでどうするかをうまくひねり出すのが大事やし、そうやってできたものをどう楽しむか、その工夫も大事なんです。

仲野　そのおかげで地ソースや地ポン酢の文化が生まれたと思えば、われわれはそのしょーもない工夫をもっと高ぅ評価せなあきませんね。せっかくやから、「大阪へお好み焼を食べに来よう！」運動も、この対談を機に始めましょう！「天ぷらにソースを！」運動とセットで。堀埜さん、今日はむっちゃ楽しいお話、ありがとうございました。

11

大大阪って何だ？

橋爪節也

橋爪節也

●

はしづめ・せつや
一九五八年大阪府生まれ。
専攻は美術史。
『大大阪イメージ』(創元社)など、
近現代の大阪にまつわる著作多数。
展覧会の企画なども数多く手がける。

〝大大阪〟、「おおおおさか」ではありません。「だいおおさか」と読みます。大阪人の心を激しくくすぐる言葉です。かつては東京よりも人口が多く、経済も活況を極めていた時代があったのです。もちろん、いまは見る影もありません。

大阪以外では、ご存じでない方も多いかと思いますが、大正末期から昭和の初めにかけての話です。関東大震災の後、東京から人やお金が流れてきたという幸運もありました。地下鉄、御堂筋、この対談シリーズでも取り上げた大阪城など、いまに残る建築・土木工事がおこなわれ、大阪の都市整備がおこなわれたのもその時代です。

大阪は東京に比べて地価が安いせいか、そのころのレンガ造りの建物がけっこう残っています。実際にそれらのビルはいまも現役で使われていますので、大大阪というのは、ノスタルジーをそそる言葉でもあります。

二〇二五年に万博を誘致しようとか、ＩＲ（統合型リゾート）で経済を活性化しよう、とかいうのも、大大阪の時代よもう一度、というような気分があるような気がします。ちょっと無理やと思いますけど……。

今回の対談相手は、大阪大学総合学術博物館の橋爪節也教授です。橋爪先生のご専門は美術史。美学とは違うらしいです。どう違うかは、聞いたけどようわかりませんでした……。その立場から大大阪を研究しておられます。

どうでもええことですが、弟の大阪府立大学教授・橋爪紳也先生は、建築史家として、同じく大大阪を研究しておられるという、大大阪ブラザーズであります。『大大阪モダン建――輝きの原点。大阪モダンストリートを歩く。』（青幻舎）という本も出版されてますので、興味のある方はぜひお読みください。

今回も、もちろん笑いながら、いつも以上に勉強になりまっせぇ。対談のときにお見せいただいた画像や動画をすべてごらんいただけないのが少し残念ではありますが、どうぞお楽しみください！

東京を抜いて日本最大の都市だった七、八年間

仲野　今日は大大阪をテーマに、『大大阪イメージ』という本の編著も手掛けられた橋爪先生にいろいろ話をうかがっていきたいと思います。

橋爪　『大大阪イメージ――増殖するマンモス／モダン都市の幻像』(創元社)は二〇〇七年に出したんですが、二十年くらい前に、大大阪と美術に関する論文を書いたら、校正時に東京の編集者から「大が重複している」と修正されました。

仲野　ああ、間違ってるんちゃいますかと。

橋爪　蕎麦の特盛りみたいに聞こえますが(笑)、大正の終わりから昭和の頭にかけて、平成の大合併のように、全国的にたくさんの市町村合併があって、日本各地で「大〇〇」が誕生するんです。

仲野　えっ、そうなんですか!?　大阪だけとちごたんですか。

橋爪　大神戸、大京都、大名古屋、それから大東京もあったんですよ。大東京という言葉は、長渕剛の「とんぼ」の歌詞「死にたいくらいに憧れた　花の都大東京」に生きてます。東京が大正十二(一九二三)年の関東大震災から復興した昭和七(一九三二)年、大東京になります。大大阪の誕生は大正十四(一九二五)年四月一日。第二次市域拡張のときでした(図25)。

人口も二〇〇万人を超え、ニューヨーク、ロンドン、ベルリン、シカゴ、パリに次ぐ世界第六位。大東京誕生までの七、八年間は、面積も人口も、首都を抜いて日本最大の都市は大阪やったんです。

仲野　大神戸も大京都も聞いたことないんですけど、地元の人は知ったはるんでしょうか？

橋爪　いや、だいたいええ加減に忘れてはります。大大阪は關一《せきはじめ》という名市長によって都市計画が成功したことで、いまでも人々の記憶に残ってるんでしょうな。

仲野　ただ単に市域が拡大しただけじゃなく、大大阪で景気もようなったゆうのは、關さんの功績が大ですよね。だから、大阪市民は關さんのことを愛してる。關一といえば、御堂筋拡幅や地下鉄開通などという土木の施策が有名ですよね。御堂筋は、「飛行場の滑走路でも造るんか」ってゆう人がいたくらい、当時の市民にとっては広かったとか。あと、地下鉄御堂筋線の梅田駅には隠しトンネルが造ってあった。

橋爪　もともと谷町線の駅を横に開設するために掘ってあって、先見の明という話ですね。

仲野　最終的にそのトンネルは、御堂筋線の梅田駅の拡幅工事に転用されて使われてます。いずれも、将来的な交通事情を見越しての事業で、めちゃくちゃ先見性のある市長やったんですよね。

図25　大阪市・市域拡大の変遷
（大阪市ホームページより）

市域面積
225.21平方キロメートル
（平成27年10月1日現在）

① 明治22年4月【市制施行】15.27平方キロメートル
現在の北区・福島区・中央区・西区の一部

② 明治30年4月【第1次市域拡張】55.67平方キロメートル
現在の天王寺区・浪速区の全域、北区・都島区・福島区・此花区・中央区・西区・港区・大正区の一部を拡張

③ 大正14年4月【第2次市域拡張】181.68平方キロメートル
現在の西淀川区・淀川区・東淀川区・東成区・旭区・城東区・阿倍野区・住吉区・西成区の全域、北区・都島区・生野区・鶴見区・住之江区・東住吉区・平野区の一部を拡張

④ 昭和30年4月【隣接6カ町村編入】202.31平方キロメートル
現在の生野区・鶴見区・東住吉区・平野区の一部を拡張

⑤ 昭和40年以降【埋立によるもの】此花区・港区・大正区・住之江区の一部を拡張

關市長は、「経済成長だけを目指すものではない」と明言していた

橋爪　關は都市計画の専門家で大阪の都市基盤をつくるんですけど、**〝住み心地良き都市〟を目指した**ところが偉かった。「上を向いて煙突の数を数へると同時に下を見て、下層労働者の生活状態を観察せねばならない」という言葉も残してます。

仲野　關一の伝記を読んでびっくりしたんですけど、この人は都市づくりの人だと思っていたのに、それ以上に社会福祉に熱心やったんですね。

橋爪　人々が幸福に暮らすためにはどうすればいいか、そのことに、ものすごい力を入れた人です。

仲野　大阪都構想で「ふたたび大大阪時代を」といった語られ方をすることがあるなど、最近になって、大大阪という言い方が以前より一般的になってきてるような気がするんですけど。そうでもないでしょうか。

橋爪　そういう面は、あるかもわかりませんね。ただ、大大阪という言葉が、経済の拡大路線だけを指す言葉になってしまっている気もします。**「大大阪を目指せば景気がようなって、暮らしがようなる」みたいな使い方をされるようになったら、歴史的に間違いだし、アブナイ。**『大大阪イメージ』は十年以上前の本ですが、当時からそのことを危惧してい

図26 『モンタヌス日本誌』より「大坂」の挿絵（橋爪節也氏所蔵）

たんです。『大大阪イメージ』の序論「幻影の大大阪」で問題視したのが、まさにそこです。それで本文に「〃大大阪〃イメージの解析は、現代もなお、『未来にむけて輝かしく膨張する都市』という神話に対する解毒剤を生成するうえで、ひとつの試薬となるのではなかろうか」と書いたんです。

仲野　そうか、先生の本は火消し役が目的やったんですね。大阪人は、行きすぎると肥大する自我を持ちすぎるところがあるから戒《いまし》めておこうと。煽《あお》り系かと勘違いしてましたわ。スンマセン。

橋爪　この本は、そこを鎮静する試みでもあったわけです。寛文九（一六六九）年に刊行された『モンタヌス日本誌』という本に銅版画の挿絵があるんですが、そこに描か

れた大坂は、オリエンタルだが西洋の城塞都市みたいで、実際の大坂とは似ても似つかない、けったいな大坂です（図26）。モンタヌス自身は日本に来たことはなくて、これは十七世紀のヨーロッパ人が想像する幻影の大坂の姿です。同じように、大大阪にも、現代から見て、イメージだけが独り歩きしている部分があるんやないかと。

關市長も、大大阪とは経済成長だけを目指すものではないと明言してます。大正十四年から昭和十九（一九四四）年にかけて大阪都市協会が発行した『大大阪』という雑誌も、「単に人口の多寡を都市の標準とするなら大阪は無条件に世界的な大都市だが、大都市には大都市としての施設が整っていなければならず、大阪は文化的にも経済的にもそれに欠ける部分がある。それでは都市として二流、三流だ」といった趣旨をはっきり宣言しています。量より質が大事ということを踏まえずに、大大阪＝景気復活というイメージだけで使うと、中身が伴わなくなってしまう。

「グレーター大阪」と「グレート大阪」

橋爪　大大阪は、行政的に英訳して「グレーター大阪」といいます。グレーター（greater）は都市とその周辺の地域を含めていう際に地名に冠する独特な形容詞で、行政用語であっ

て、グレート（great：偉大な）の単純な比較級ではないんです。グレーター大阪も、よその都市や、かつての大阪に比べてより偉大という意味ではありません。

仲野　海外では、いまもグレーターボストン、グレーターロンドンとか言いますから、大阪市が周辺を合併して大きくなった過程を考えると、グレーター大阪ゆう言葉の意味がようわかりますね。

橋爪　でも、当時の刊行物や言説を調べると、「グレート大阪」という言葉ばかり出てくる。圧倒的に多い。大大阪の英訳がグレーター大阪なのか、グレート大阪なのかで、イメージがずいぶん違ってくるんです。

大正十四年三月十五日から一カ月半ほど、大阪毎日新聞主催で大大阪記念博覧会が開催されている。そのときの広告や新聞記事は、行政用語で「グレーター大阪」とあります。一方、同時期に作られた大阪市パノラマ地図にはグレート大阪と入っていて、グレート大阪という言い方が日常的に氾濫していくんですね。大大阪誕生三年前の大正十一（一九二二）年に朝日新聞が出した写真集のグラビアも、「グレート大阪」と題されている。むろん行政的なグレーター大阪という用語は生きていますが、当時からグレーターを、グレートに書き替える傾向があったようです。

仲野　グレートのほうが、馴染みのある単語やったからですかね？　あるいは、大阪人の

なかに、大阪は偉大だと誇りたいような、威張りたいような気持ちがあったとか。

橋爪　大阪都構想で使われる大大阪のイメージはグレート大阪（偉大な大阪）のほうなのでしょう。**大きくなれば大阪が不思議と繁栄するという理屈は、大大阪時代の大阪人からすれば、何をのんきなことを、となります。**大大阪誕生の大正十四年四月一日の朝日新聞掲載の社説「大大阪の建設」は、要約すると「今日まで、都市建設の重点は主として外見にあって、内容や質にはなかった。この状態から脱却するためには、その重点をもっぱら内容と質に置くべきだが、なかなか思うように進捗しない」とし、「接続市町村編入で都市的施設の希薄にして不完全なることが露呈している」と問題を喚起している。大阪の中心といえばかつての大坂三郷で、商業や文化が高度に発達した都市部ですよね。

仲野　大阪の町人文化発祥の地ともいえる船場が中心ですから、文化度が相当に違ったでしょうね、そら。

橋爪　一方、編入地域は農村も多く、長居村など、当時の資料には「純農村」と書かれた地域も多い。

仲野　大坂三郷の人間からすれば、お荷物を抱え込まされたゆうイメージですかねぇ。

橋爪　そういった状況を朝日の社説は「一大原生林の開拓に等しい大責任を背負い込んだ」とし、「むしろ大大阪建設は今後が重要で、大いに責任を感ずべき」だとします。

仲野　朝日新聞、ええこと書いてますやん。残念ながら、そういった方向にうまいこと進んだとは思えませんけど。

橋爪　社説の締めでは、「古き市民も新しき市民も、ともに協同一致し、市民的自覚を持って、この責任を果たすべく精進せんことを切望する」とまとめています。

仲野　せやけど、当時は、地域格差もさることながら、経済格差がめちゃくちゃ大きかったでしょうね。

橋爪　だからこそ、「古き市民も新しき市民も、ともに協同し、一市民的自覚を」持たなければならなかった。そのときのスローガンというか、キーワードとして出てきたのが、大大阪やと思うんです。

仲野　大大阪ゆう言葉は、一種のアジテーションでもあったと考えてええんでしょうか？

橋爪　そういう面も、あったと思います。先に挙げた雑誌『大大阪』では、大正十五（一〇二六）年に「大大阪主義」なるものを提唱して、「現在大大阪が日本の最大都市というのは事実だが、市民が世界に誇れる文化都市でも経済都市でもない。前途は遥かであり、道は遠い。市民精神の早急な覚醒を求める」とし、そのためには大阪市民二〇〇万人の大同団結が必要だと言っている。「大大阪主義」には第二次大戦での全体主義的な思想につながる要素もあるように思いますが、この時期はまだそこまで極端な意味はなくて、文化

的・経済的なレベルを上げるには、純粋に団結が必要だと感じたのでしょう。大大阪主義を提唱したのは、リアルな現実感覚なんです。大阪都構想では、賛成と反対で市民が激しく仲違いしました。それでは大大阪は実現できない。

岡本一平「大大阪君の似顔の図」

橋爪　僕は美術史が専門ですから、その方面から大大阪の話をしますと、漫画家の岡本一平が大阪朝日新聞の依頼で、大阪の新市域を顔に見立てた似顔絵を東京から描きにやって来ます（図27）。大正十四年四月一日の朝日新聞・大大阪特集号から一五回にわたって、「大大阪君の似顔の図」が連載される。第一回は新しくなった市の輪郭線と顎ヒゲで、このヒゲは大和川沿いの松林ね。回を重ねるごとに、淀川区の大根畑のベレー帽、エッフェル塔の鼻、工場の煙突の紙巻煙草……と、ちょこちょこ描き足されていって、最後に似顔絵が完成する。

仲野　岡本一平いうたら、あの岡本太郎のお父さんですよね。しかし、鼻がエッフェル塔ゆうのが不思議ですね。なんで通天閣とちゃうんですか？

橋爪　そうですねん。通天閣を描いているのですが、岡本一平はエッフェル塔と呼んでい

る。大阪にパリを幻視しています。また面白いことに、大阪は資本家の街でもあり、似顔絵もシルクハットでも被りそうなもんですが、完成した「大大阪君」は、ある種、遊民的というか、労働者風というか。葉巻やなくてジタンみたいな紙巻き煙草をくわえている。

仲野　岡本一平から見た大大阪のイメージは、わりと庶民的やったというわけですか。せっかく大大阪になって大都市の市民を自負するようになった大阪人から不評を買うことはなかったんですか？

橋爪　悪意のある絵ではないし、それはなかったでしょう。同じ戯画でも漫画雑誌『東京パック』の定期増刊、その名も『贅六《ぜいろく》パック』は、東京人が上方贅六をおちょくる内容で、

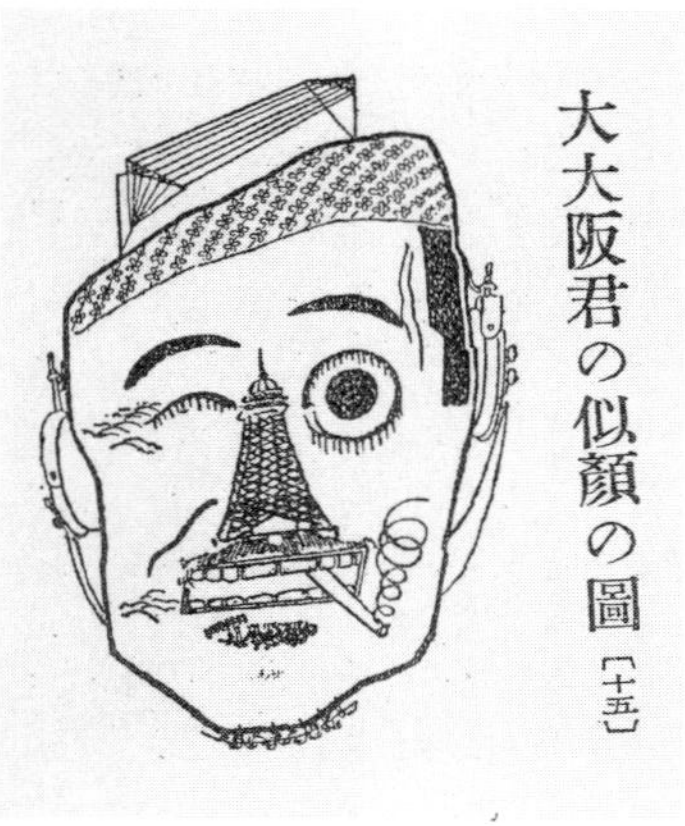

図27　「大大阪君の似顔の図」（『一平全集』第9巻、先進社、1929年）

図28　『贅六パック』（『東京パック』定期増刊第3巻第13号、1912年）

贅六は大阪人、京都人を罵倒する言葉ですが、顔が金貨になった出っ歯の大阪の青年が女性の手を握っている。これは悪意があります（図28）。

映画、歌謡曲、校歌にまでなった「大大阪」

橋爪　『大大阪イメージ』では、大大阪が歌詞に出てくる小中学校の校歌を調べた執筆者もいます。校歌に大大阪が歌われているのは、ひとつは昔の大坂三郷の大大阪の中心に近いところ。もうひとつは大阪市の境界域で、つまり新しい編入地域の学校でした。

仲野　ほお。そういう場所ほど市域編入の心理的影響が大きくて、背伸びしたいという気持ちで、より大大阪が強く意識されたのかもしれないですね。

橋爪　絵や歌以外にも、『大大阪橋梁選集《きょうりょう》』など、都市計画で架け替えられた市内の橋梁の写真集が刊行され、「大大阪オンパレード」なんて歌謡曲のSPも出ている。昭和九（一九三四）年の『日の出』に掲載された江戸川乱歩の「黒蜥蜴《くろとかげ》」にも、「パリのエッフェル塔を模した通天閣の鉄骨が、大大阪を見おろして、雲にそびえているのだ」の一文もあり、大大阪という言葉を探していくと、歌や映画、小説まで、実に幅広く使われているのがわかります。昭和十二（一九三七）年に作られた映画「大大阪観光」については、二〇〇九年

に大阪大学総合学術博物館で「映画『大大阪観光』の世界」という展覧会を開きました。これがまた、おもろいんです。

仲野　いまでゆうと、大阪のプロモーションビデオですね。時代に先駆けてますよねぇ。

橋爪　映像は、阪急百貨店から望んだ梅田新道、中之島付近、御堂筋のガスビル、日本初の公営地下鉄である大阪市高速鉄道（現・Osaka Metro）、大阪市立美術館、大阪市立動物園、中之島から乗る観光艇《てい》など、モダンな都市の側面を打ち出しつつ、住吉大社や四天王寺、大阪天満宮など、歴史ある大阪もアピールする。フィナーレは北新地の芸妓衆の浪速踊りで、タイトルは「繁栄の大阪港」。同時に、夜の道頓堀の映像が合成されますが、イルミネーションギラギラ。大大阪のような都市にしかありえない光景です。

仲野　「大大阪観光」、見せていただきましたけど、大阪の街が本当にモダンで、いまより豊かに見えるほどでした。この映画が作られた昭和十二年当時は、観光で大阪に来る人ってけっこうおったんですか？

橋爪　大阪市産業部内に観光係が新設されたのが昭和十（一九三五）年。翌十一（一九三六）年発行『大阪市政』には、「本市が産業上に於て特殊の地位を占むる関係上、昨年度より特に観光係を新設して（中略）力を尽くしてきた」とある。産業視察団を含めて観光客はそれなりにいたと思います。昭和十五（一九四〇）年には、外国人観光客を誘致する東京万博、

東京オリンピック、札幌オリンピックが予定されていましたが、昭和十二年に日中戦争が勃発。

仲野　戦争で、すべて幻と消えてしもたわけですね。それと同時に、景気のいい大大阪ゆうのも、だいたい終わってしもたと。

橋爪　ちなみに、阪大博物館での展覧会では「平成版大大阪観光」と銘打って、「大大阪観光」の現代版を作ったんです。音楽やナレーションは昭和十二年のオリジナルのまま、映像は当時と同じ場所で撮影し、現代と当時の景観の変貌が比較できるようになっています。

仲野　これも見せていただきましたけど、観光艇のシーンでは、オリジナルと同じようにマリンガールゆうガイド嬢のアナウンスまで先生とこの学生さんで再現するとか、えらい力作ですやん。しかし、先生、暇なことしたはりますね～(笑)。

橋爪　単純にゆうと阿呆ですわ(笑)。

仲野　そこまでは言うてませんって、ちょっとは思いましたけど。プロモーション映画にしろ歌にしろ、大大阪を引き合いに出すときって、「大大阪ってすごいやろ!」みたいに、上から目線でアピールしてる感じがするんですけど、そう思ってええんでしょうか?

橋爪　大大阪の誕生以来、経済的にも文化的にも整備が充実し、住民にも大阪市民としての誇りが生まれて、過剰なプライドを持つ人もいたでしょう。その時期に作られた大大阪

がテーマの制作物には、「大大阪ってすごいやろ！」的な要素がふんだんのものも、あるんやないかなぁ。かたや、よりよい都市づくりのために、現実を見据えて大阪人を啓蒙しようと奮起した人もおられたわけで、いろいろですね。

パリを模した街づくり

橋爪　大大阪時代の美術振興政策を調べますと、まず、大正九（一九二〇）年に美術館の建設が大阪市議会で決まります。

中野　それでできたのが、いまも天王寺公園にある大阪市立美術館ですか？

橋爪　そうです。開館は昭和十一（一九三六）年にまで遅れますが。市はほかにも美術家団体の結成を進めたり、美術家育成のために、いまの市立工芸高等学校の前身である工芸学校を開校してる。

中野　歴史的に見ても、都市が経済的に元気なときって芸術に投資したりしますよね。大大阪時代も、まさにそうやったということなんですか？

橋爪　美術館ができることで画家たちも奮起しました。芸術振興や芸術的な香りが大阪に起きることを期待したのです。しかし、東京は上野の東京美術学校（現・東京藝術大学）、京

都は市立の絵画専門学校（現・京都市立芸術大学）がありましたが、大阪には芸術活動の拠点となるべき公立のアカデミックな組織がなかった。先ほどの工芸学校も工業高校の一環として設立され、純粋な美術学校とは微妙に違う。大阪の画家たちは、あくまで在野の立場で大阪のために踏ん張りました。

少し脱線しますが、大阪の洋画家は小出楢重《こいでならしげ》、鍋井克之《なべいかつゆき》、佐伯祐三など、だいたいええとこのぼんぼんです。矛盾した言い方ですが、西洋絵画に興味を抱いたのも、どこか道楽的ながら、逆に徹底して真摯で妥協がありません。対して大阪の日本画家は、北野恒富《つねとみ》や菅楯彦《すがたてひこ》、矢野橋村《きょうそん》など、地方出身の苦労人が多く、職人に近い経験もしている。文展や帝展みたいな全国的な公募美術展となると、審査員が東京や京都の画壇で占められ、大阪からはなかなか入選できなかったりしました。恒富は、京都の画家たちに「画壇の悪魔派」なんて呼ばれ、人物を描かせれば圧倒的にうまいのに、生々しくリアリティがありすぎて文展に落選します。当時の中央画壇は理解できなかったんです。また、ほかの嫌気がさした画家は、公募展に背を向け、金持ち相手に、床の間に掛けると美しい、床映《とこば》えがする絵で生計をたてるようになる。美術館に並ぶ大作だけが美術ではなく、金持ちは家の床の間で鑑賞するんですね。

仲野　大阪には、金持ちによる日本画のオーダーメイド制度いうのがあったんですか。そ

図29　小出楢重《街景》油彩・カンヴァス 個人蔵、『小出楢重画集』より

れは、知りませんでした。縁がないから当然ですが。

橋爪　一方大阪の金持ちはまた、やれ横山大観だ、竹内栖鳳《せいほう》だと、全国区レベルの作品を収集したがる。権威好きも大阪独特の風潮です。それが戦後になって、大阪の大企業の本社が東京へ移転するようになると、美術品を鑑賞するような生活も崩壊し、バブル崩壊後、たくさんの大阪の画廊が東京へ流出しました。

大正から昭和にかけて、大阪を拠点に画家が活躍した時代でした。大阪の画家は絶対数は少ないけれども、強い個性や特色がある。島成園《しませいえん》や木谷千種《きたにちぐさ》といった女性画家の活躍とか、大阪らしい個性豊かな小出楢重みたいな画家がいました。新しい傾向の

未来派や超現実主義の画家も活躍します。

その小出は、随筆で、心斎橋大丸の屋上から眺めて「さて大阪は驚くべく黒く低い屋根の海である」と書いている。東京は関東大震災で建物も新しくなりますが、このころの航空写真を見ても、大阪はまだまだ瓦屋根の街だったんですね。その小出が大大阪になった大正十四年に描いた油彩画《街景》は、近代建築の立ち並ぶ「これぞ大大阪」といえるようなモダンな風景です（図29）。

仲野　これ、まるでシテ島みたいで、まさにパリ的な絵ですよねぇ。通天閣の下も、放射状に道が伸びてたりしてパリっぽい。まぁ、パリの凱旋門を真似て造られたんで、当たり前ですけど。大大阪では、なんとなくパリを模した街づくりを目指してたいうことなんでしょうか？　えらい背伸びみたいな気がしますけど。

橋爪　そういう部分はあったと思います。《街景》は創作上の秘密があり、描かれた堂島浜通りを当時の航空写真で見ると、あたり一帯、黒い瓦屋根の家ばっかりです。小出は手前のビルを用いてそれをうまく避け、欧米都市のように眺められる一点から描きました。

仲野　大大阪といえば、いまも残っているレンガ造りの立派な洋風建築、というイメージやったんですけど、全然ちゃいますね、黒い屋根の小さい木造建築ばっかりで。そんななか、ここしかないという特殊なアングルからこういう絵を描いたというのは、なんとか大

阪の街をよく見せたいという意図があったんでしょうね。

橋爪　そうですね。大大阪を生きる画家としての自負もあったと思います。小出は本来静物や裸婦を描き、風景画はあまり描かないんですが、このアングルなら大阪が都会的に見えるということで描いたんでしょう。

文化都市・大阪はありえるか？

橋爪　ところで、人口一〇万人に対する美術館の数で大阪府は全国で何位か知ってます？

仲野　ひょっとしたら、四七都道府県中ビリなんとちゃいますか？

橋爪　後ろから二番目ぐらい。大大阪を自慢しても文化度はこれかと思いますが、希望的なことをいえば、将来、中之島が「美術館島」になることは間違いない。

仲野　中之島には、以前から、市立東洋陶磁美術館と国立国際美術館があって、朝日新聞社の創業者である村山龍平が収集した美術品を所蔵している香雪《こうせつ》美術館の二館目の美術館（中之島香雪美術館）ができてます。さらに、二〇二一年には市の新美術館が開館予定なんですよね。

橋爪　中之島には、中央公会堂やフェスティバルホール、市立科学館、国際会議場もある。

北側には美術展も開催している堂島リバーフォーラムなんかがあったりするから、文化的施設の集積地ともいえます。

仲野　中之島あたりの施設の充実が文化面からの大大阪復活になるという考え方も、できるかもしれれませんね。たぶん、あまり誰もそんな角度から考えてないような気がしますが……。大阪にはホールが少ないし、基本的に文化度は低いとしか思えないですね。文楽への補助打ち切りとかもありましたし。東京に次ぐ帝国大学をつくるときに国から大阪へ打診があったんやけど、「学問なんていらん」ゆうて京都になったゆう話は、大阪では有名ですしね。学問や文化に対する大阪人のメンタリティってそんなもんで、お金はあるけど、実利的なこと以外にはあまり投資しない。帝大誘致のエピソードは、その典型例やと思います。少し後ですが、大大阪のときにそういう文化的基盤がちゃんとできてたら、後の歴史は違ってたかもしれませんね。

橋爪　大大阪のときに美術館は建てましたが、裏話をいえば、先にあげた美術振興策も中途半端に終わった気がします。美術への理解があまり文化的やなかったというのか……。

仲野　大阪人が文化に投資するのはムリなんかなぁ。中之島にようさん美術館ができたところで、みんなが美術に目を向けるようになるかゆうたら、どうでしょうねぇ。先生とお話してたら、なんとなく微妙な気がしてきたんですけど。

橋爪　難しいなぁ。そのへんは、もう諦めるしかあらへん（笑）。

仲野　そんな、身も蓋《ふた》もない……。せっかく美術館が集まってくるんやし、ちょっと時間があるときに、そや、中之島へ絵でも見に行こうかなぁとなればええですね。絵のことはようわからへんのですけど、ふらっと美術館に行ったりするの、わりと好きなんです。見てるうちに、なんかわかったような気になってきますし。たぶん、あんまりわかってないんですけど……。でも、そうこうしてるうちに、どんな絵が好きとかも自然とできてくるのがおもろいです。

橋爪　展覧会の絵は全部見んでも、よろしいねん。一〇〇点あるなら、自分の好きな二、三点の絵をじっくり見れば、ぼーっとわかるような気がするし、現代美術の作品が難しいと思うなら、「世の中にはいろんな表現する人がいて、愉快やなぁ」でええんです。

仲野　なるほど。そう思ったら敷居が低くなりますね。「美術館島」ができるのを契機に、かつての大大阪で成し得なかった文化都市を実現したいところですね。

先生のお話、むっちゃおもろかったです。あんまり悲観的にならんと、これからも、大大阪イメージをふくらませすぎることなく、大阪の文化度を上げるためにご尽力ください。ありがとうございました。

12

本当の大阪って？

柴崎友香

柴崎友香

●

しばさき・ともか
一九七三年大阪府生まれ。作家。
『春の庭』で芥川賞受賞。
『公園へ行かないか？　火曜日に』（新潮社）、
『待ち遠しい』（毎日新聞出版）、
『その街の今は』（新潮文庫）
など著作多数。

『望星』の編集部から、大阪についての連載対談のオファーを受けたとき、実は断ろうと思ったのです。結局、引き受けることにしたのですが、「はじめに」でも書いたように、そのとき、ひとつだけ条件を出しました。それは、最終回にはなんとしても柴崎友香さんとの対談を、というものでした。元々がファンだったのと、ちょうどそのころ、柴崎さんの『よう知らんけど日記』（京阪神エルマガジン社）を読んでいて、大阪と東京の対比とかがむっちゃおもろかったからです。

編集さんからのお返事は、「大丈夫です♪」でした。で、連載を始めたのですが、いざ最終回になって、じゃぁ柴崎さんでお願いします、と言ったら、「引き受けてもらえますかねぇ？　連絡先もわからないんですけど」と。

こらっ、約束がちゃうやないか！　と思ったのですが、柴崎さんのご厚意により、無事お引き受けいただけました。という事情のもと、いそいそと東京まで対談に出かけて、とっても楽しいお話をすることができました。

川に囲まれた大正区を留守にして

仲野　今日は何からお聞きしようか……これまでの対談は基本的に行き当たりばったりやったんですけど、お相手が柴崎さんということで、きちんと予習をしてきたんです。まず、東京に来られたのは、やっぱりお仕事の都合なんでしょうか？

柴崎　そういうわけでもなくて、三十くらいまでずっと実家にいてたんですけど、出そびれてるなぁと思いながらもどうしようか決めかねたんです。家のある大正区ってところがけっこう便利な場所で、そこからわざわざ出るには、自分としてはけっこう動機がいったというか。そんなとき、友だちに愚痴を言ってたら、「そんなグダグダゆうてんのは、やるやるゆうて、結局やる気がないからや」と。それもそうやなと思って、「仕事関係の人も友だちもけっこういるから、住んでも大丈夫そうかな」くらいの感じで、その場で東京行きを決めてしまいました。

仲野　出る出る詐欺やったんですね。いまの話やと、いざ東京進出！　みたいなことでは

ないんですね。

柴崎　なので、ときどきプロフィールやインタビュー記事に「〇〇年に上京」とか書かれると、絶対直してます。「そんな気合いないです」というのもあるし、上方の人間としては、東京に「上ってない」ってささやかな意地もあるし。

仲野　柴崎さんの本を読むと、なんとなく大阪を懐かしんではる感じがするので、やむを得ず東京へ出てこられたのかと思ってましたけど、ちゃうんですね。大阪から東京に来て、大阪のことを懐かしそうに書いてる人ってあんまりいてない感じがありませんか？　なんとなく、大阪はもう捨ててきた感があるというか。

柴崎　芥川賞を取ったときの梅田でのサイン会で、全然知らない女性に「なんで東京行ったんや！」と、いきなり言われたことがあります（笑）。

仲野　東京に行った親戚の子に「なんで大阪捨てたんや！」とかって詰め寄るおばちゃん、絶対にいっぱいいてますよね。

柴崎　まさにそういう感じでした。大阪が好きな気持ちは変わらないですし、感覚としてはちょっと大阪を留守にしてる、くらいの感じなんですけどね。

仲野　それくらいのスタンスやから、逆に大阪のことをよう書かはるのかもしれませんね。柴崎さんはエッセイのなかで、大阪と東京の駅と街の対比をされてますよね。池袋が京橋

っぽいというのは、死ぬほど笑いました。東京の京橋はオフィス街ですけど、大阪の京橋は猥雑《わいざつ》で、一歩路地に入ったら〝子取り〟に取られそうな感じがしますからねぇ。

柴崎　イントネーションも、ちゃいますしね。あと、道頓堀は新宿が近いかな、とか。

仲野　天王寺は上野ですよね、誰がどう見ても。美術館も動物園も、そのうえ池まであるし。

柴崎　ちょっと山になってますし、昼間にウロウロしてるおっちゃんがわりといるとこも似てる（笑）。上野は天王寺に似てると説明したら、大阪の人はだいたい「あ〜」ってなります。

仲野　大阪にはあるのに東京にはなくて寂しいゆうようなもんって、ありますか？　小説『パノララ』（講談社文庫）ではエースコックのワンタンメン（図30）がないと書いておられたりして、個人的にはうけまくってたんですけど。

図30　エースコックのワンタンメン

柴崎　あれ、大阪ならどこでも売ってるのに、東京だとまったく売ってないわけじゃないんですけど、あまりないんです。あと、学校帰りに買っていく感じのお好み焼きってありますよね。あれがないのが、寂しい。

仲野　三〇〇円くらいで、焼いたやつを鉄板の端にストックしてるようなお店のやつね。あれはブタ玉とかイカ玉とか、選ぶ権利がないんです。

柴崎　みんな具が一緒で、だいたいブタかな。お店に入って、鉄板で焼いて食べるお好み焼き屋さんは、東京にもあるんですけど。

仲野　東京の高校生とかは、学校帰りに何食べてんのでしょうね？　東京は、鯛焼き屋さんがけっこう多い気しますけど、大阪で多いといったらたこ焼き屋ですよね。

柴崎　大阪では鯛焼き単体の店は少なくて、たこ焼きの横で鯛焼きも焼いてるパターンが多いですね。実家が商店街のすぐ裏なんですけど、たこ焼き屋は五〇メートルおきくらいにあります。

仲野　うちも商店街の近くで、駅が近いせいもあるんですけど、徒歩二〇〇メートル圏内に五軒はあります。しょっちゅうというわけではないんですけど、二、三カ月に一回は無性に食べたなるんですよ。店によって味がちゃいますし。値段はタコの大きさとかなり相関関係があって、これも店によって違います。

大阪は東京に比べて土地の値段が安いから、客の回転率とか効率をあんま考えんと小商いがやりやすいんかもしれませんね。せやけど、次の世代になると、後継者不足でバタバタ倒れて、商店街の空洞化は著しく進むんやないかなぁ。柴崎さんの地元の大正区も、そんな感じしますか？

柴崎　商店街は、ずいぶん寂しくなりました。車で行動する人も多いから、地元で買い物

する人も減ってるんでしょうね。

仲野 地図見たらわかりますけど、大正区って島みたいになってるんですよね（図31）。

柴崎 川に囲まれてて、そのいちばん北の端を環状線がかすってるだけで、あとは電車もなく、陸の孤島というか、本当の島というか。

仲野 電車の駅が一コしかないから、僕なんかからすると、すごい便利の悪いイメージがあるんです。

柴崎 でも、自転車で心斎橋や難波に出られますし。あとはバスで、バスは急行があるんですよ。工場が多い地域で、造船所もあったから、船が通る関係で橋をかけられないんですよね。だから、橋の数もすごく限られてるうえに船を通すために高さが必要で、歩いて三〇メートルくらい上らなきゃならなかったり。普通に渡れる橋は駅のところにしかないので、**「あの橋切ったら、大正区流れてくでぇ」とか、よく言われました**（笑）。

仲野 それで、いまでも渡し船が七つも八つもあるんですよね。

柴崎 いまは七つかな。私が子どものころには、もう少しあったんですけど。それは道と同じ扱いなので、タダなんです。

仲野 渡し船は、大阪でも大正区しか残ってへんのちゃうかな。

柴崎 ＵＳＪ（＊1）から港区へ行く船があるはずですけど、あとはほとんど大正区まわり

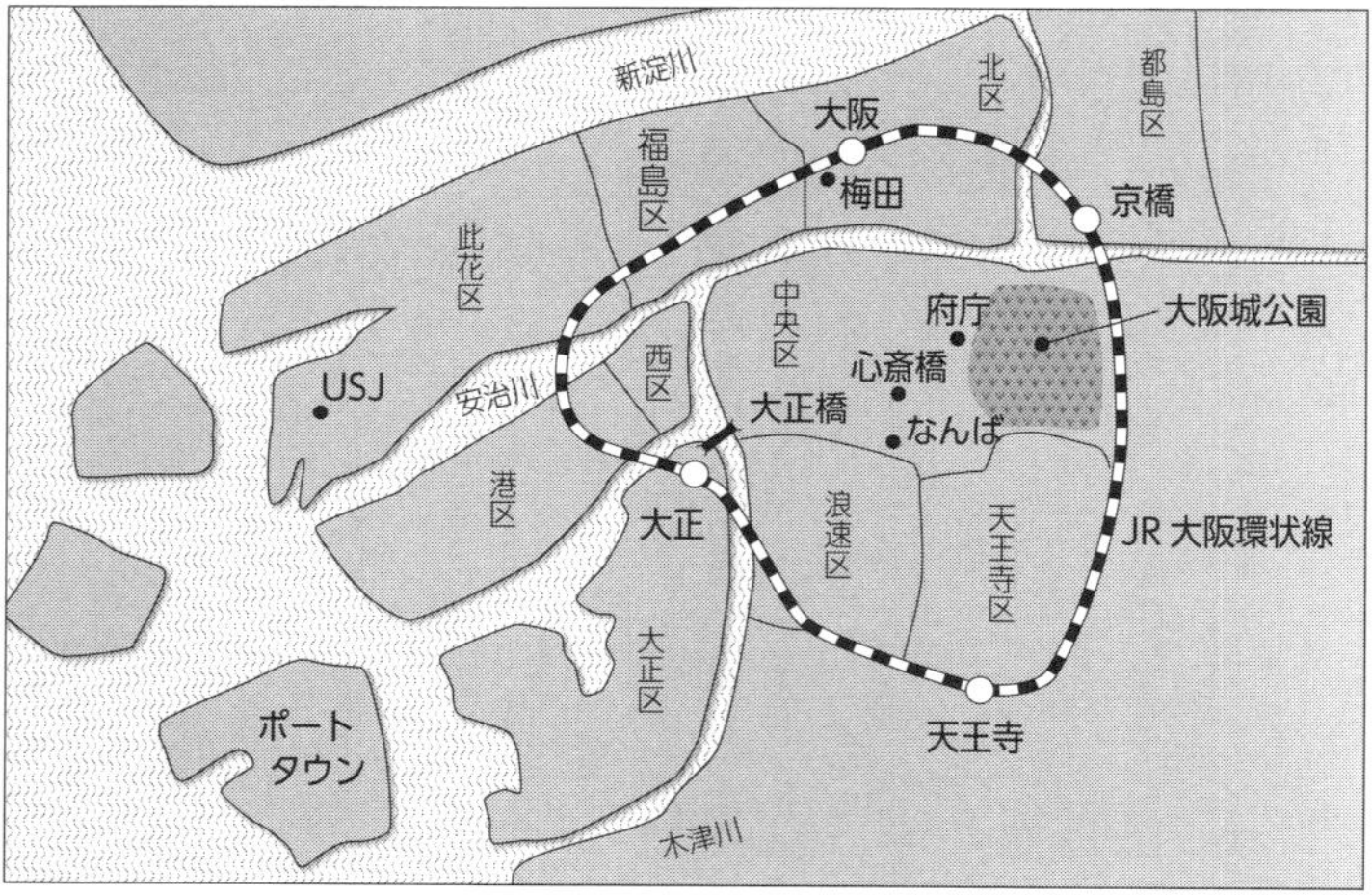

図 31　大阪市西部の地図

ですね。

仲野　それって、ＵＳＪからというても、観光客はまったく乗ってへんのとちゃいますか？

柴崎　以前、大阪のローカルなニュースで、ＵＳＪで働いている外国のキャストの人がそれで通勤しているって言ってました。

仲野　シュールでむっちゃええ感じですね（笑）。

目的は会話を続けること

仲野　さっき地価の話をちょっとしましたけど、大阪は古い建築物がようけ残ってるでしょ。あれは、地価が安いことも関係してるみたいですね。

柴崎　大阪は、それこそ大大阪の時代に建てたのがいっぱいあって、建築の本（＊2）を作ったときにも、その多さを実感しました。

仲野　おそらく、建物がほったらかしにされてるうちに、時代が保存に傾いたんでしょうね。で、もう潰されへんようになったと。それでも心斎橋の大丸は潰されてしもて、それについてはかなり嘆いておられましたね。

柴崎　大阪でいちばん好きな場所なので、建て替えを知ったときにはショックで寝られませんでした……。耐震の問題などいろいろあるのでしょうが、外観は保存されるそうですし、内装もなるべく残してくださるらしいので、いい建物になることを願うばかりです。

仲野　大丸あたりは大阪でいちばんハイカラな場所でしたね。ハイカラなんて、死語ですけど。

柴崎　いやいや、ほんまに〝心ブラ〟（＊3）ですよ。私はあのへんが大阪でいちばん好きです。**大丸とそごうの二つ並んだ建物が、大阪の中心という感じで。**

仲野　柴崎さんはそこへ、自転車で行ってはったわけですね。大正区からだと、けっこう遠くないですか？

柴崎　家がわりと駅寄りなので、そんなでもないんです。港区の高校にも、自転車で行ってました。

仲野　大阪府立市岡高校ですね。文楽劇場のホームページに「文楽かんげき日誌」を書かせてもらうことがあるんですけど、その担当者さんがたまたま柴崎さんの同級生で。世の中、狭いです。

柴崎　高校のときはしゃべったことないんですけど、大人になってから知り合う機会があって。同窓生の交流が多い学校なんです。

仲野　そうなんですか。「柴崎友香と同級生なんですよ～」とか、エラそうにゆうてましたけど。市岡高校って、制服ありましたっけ？

柴崎　いちおうあるんですけど、着ても着なくてもどっちでもよくて、私は完全に私服で行っていたので、帰りにそれこそ難波とかアメリカ村に自転車で寄って帰る、みたいな感じでした。

仲野　制服でアメリカ村とかにおったら、ちょっと変ですもんねぇ。アメリカ村は心斎橋の近くで、やや不良系の街というイメージがあったんすけど。

柴崎　私が行っていたころは、そうでもなかったと思うんですけど。古着屋とかライブハウスがあって、東京でいうと下北沢みたいな、ちょっと自由な人が多い感じのとこです。

仲野　大阪も人が多いけど、東京はそれ以上に、やたらと人が多いですよね。終電まで電車が混んでるゆうのが、大阪の人間には信じられません。

柴崎　それは、東京に来てびっくりしたことのひとつです。乗り切れないほど混んでる。関西では終電は空いてますし、夜遅くなると電車は空くものだと思ってました。

仲野　あと、東京の人って、よう舌打ちしません？　大阪は、舌打ちはほぼないですよね。

柴崎　混雑しすぎて殺伐としてることはありますね。大阪だと、舌打ちより先に何か必ず言いますから。

仲野　舌打ちよりも、まず文句が出る。どっちがええか微妙ですけど、**文句は舌打ちと違って、いちおうコミュニケーション**ですから。

柴崎　大阪の人は、たとえばお店で何も買わなくても、とにかく何かしゃべろうとしますけど、東京では必要最低限というか。「○○ないですか？」ってお店の人に聞いて、東京だと「ないです」で終わってしまうこともある。大阪だったら嘘でも「さっきまで、あってんけどなぁ」みたいなやりとりが、何かしらあるじゃないですか。そういう大阪と東京のコミュニケーションの違いは、引っ越してきて初めてわかったことです。だいたい大阪の人は沈黙がダメで、東京に来て、喫茶店とかで友だち同士やカップルで来てるのに黙ってる人たちがいるのも、最初は不思議でした。

仲野　明治神宮へ初詣に行ったことがあるんです。屋台がいっぱい出てて、食べるスペースもけっこうあったんですけど、そこが静かなんでほんまにびっくりしました。お正月で

屋台ですよ。お通夜じゃあるまいし。大阪じゃ、絶対ありえへん。

柴崎　大阪でのコミュニケーションは、意思を伝えることじゃなく、会話を続けることが目的だから、あれだけしゃべるのかもしれません。私と同じくらいの時期に東京へ来た友だちが、自分の家がギリギリ配達範囲外だってことはわかっていながら、ピザの宅配に電話したことがあったんです。案の定「ダメです」って言われたんですけど、「家の前に出てエリア内に立っとくから」とか、ちょっと粘ったんですね。けど、結局「決まりですから」みたいなニベもない答えだったから、「ピザは熱々やけど、心は冷たいんですね」と言うたのに、それも流された(笑)。その子的には、持ってきてくれないことよりも、とにかく何か言うてほしかったんですよね。

仲野　「家の前に出てエリア内に立っとくから」と言われた時点で、大阪やったら「そこまで言うんやったら、負けとかなしゃぁないですね」とかなんとかいうて、一時的に規則外にしてくれそうですけどねぇ。そういうやりとりの濃厚さが逆に東京の人にとっては不可解で、大阪に来て、どうコミュニケーションしたらええんかわからん、ゆうのはあるかもしれませんね。

大阪弁で読むと入ってくる文章がある

仲野　小説を書くときは、大阪弁と標準語と、どちらで考えてはるんですか？

柴崎　両方ですね。子どものときから読んでた本は標準語だから、小説的な文章は標準語で考えるという回路がありつつ、大阪弁の回路もある。それを部分とか、場面によって使い分けてる感じです。

仲野　『K氏の大阪弁ブンガク論』（ミシマ社）とかいう本も書いてる江弘毅さんは、大阪の人間が書いている文章は大阪弁のリズムで標準語の文章とは違う、と、いつも言わはるんですけど、柴崎さんの場合は書き分けたはるわけですね。

柴崎　西加奈子さんも大阪の作家さんですけど、関西弁じゃない小説も多いんです。でも、西さんに実際に会ってしゃべってからは、文章が、あのめっちゃ大阪弁の西さんの声にしか聞こえなくなって、そうするとすっごい入ってきて、「あ、そうやったんか！」みたいな感じになったんですよね。

仲野　あぁ、なるほど。西加奈子さんいうのは、あの年齢のわりにはむちゃくちゃベタな大阪弁を話さはると、いつも感心してるんです。

柴崎　大阪弁のリズムで読むと入ってくる文章っていうのはあって、私は谷崎潤一郎の小

説をイベントで朗読するんですけど、文字で見るとあまり大阪弁には見えない小説が、関西アクセントで読むとめちゃくちゃしっくりくるんです。いちばん得意でよく読むのは『猫と庄造と二人のをんな』で、猫好きな男の人が離婚して、新たに別の女性と結婚するんですけど、前の奥さんが嫉妬にかられて新しい奥さんに「あんたは私から旦那を取ったと思ってるかもしれへんけど、あの人が大事なんは猫だけや！」みたいなことを言って嫌がらせをしてくるんです。冒頭に出てくる嫌がらせの手紙なんかも、です・ますで書かれてるので、関西以外の人が読んだら平坦な文章に見えると思うんですが、これを大阪のアクセントで嫌味ったらしく読むと一気に雰囲気が出て、もうむちゃくちゃ楽しいんです（笑）。

仲野　谷崎潤一郎は、もともとは東京の人ですよね。

柴崎　何番目かの奥さんが船場の人で、小説の大阪弁に関しては奥さんや、奥さんみたいに大阪弁のできる人に見てもらっていたと思います。だとしても、大阪弁のやりとりの独特な感じをここまで習得して表現できるというのは、やっぱりすごい。『細雪』で、姉妹で着物を着せ合って「中姉ちゃんが息するとその袋帯がお腹のところでキュウ、キュウ、云うて鳴るねんが」「そやったか知らん」なんて言ってる場面も、いかにも大阪らしくて、そういうどうでもいいような会話をずっとしてるんですよね。

仲野　『細雪』は基本的に、どうでもええような会話が延々と続きますからね。

柴崎　ああなったのも、ダラダラしゃべり続けることこそが目的の関西人の話ならではで、それが小説の魅力にもなってると思うんです。ストーリーだけ言うたら、「なんかそれぞれ、いろいろ大変」みたいな感じで、ぱっと終わってしまうんですけど（笑）。

仲野　それだと、分量もおそらく五分の一くらいになってしもてたかもしれんです。でも、要点だけ言って終わるような会話は、大阪人はしませんからね。

柴崎　それこそ江さんの本にも書いてましたけど、いま活躍している関西出身の作家さんは、子どものころから語ることを鍛えられてるというのがあると思うんです。今日あった面白いことを、明日学校に行っていかに面白く話すかということを、小学校くらいから常に考えるじゃないですか。

仲野　柴崎さんは、小さいころからずっと書いてはったんですか？

柴崎　小説とまでいかないですけど、小学生くらいからお話とかを書いてました。『一年一組せんせいあのね』（理論社）という神戸の小学生が書いた詩の本を、自分がちょうど一年生くらいのときに読んで、めっちゃ面白いと思って。で、自分もやりたいというか、「同い年くらいやから、自分にもできるやろ」みたいな対抗意識が湧いて、そのころから何かしら書いてます。

仲野　ずいぶん作家歴が長いんやなぁ。先日お送りいただいた『公園へ行かないか？　火

曜日に』（新潮社）は、小説なんですか？　読んでると、ノンフィクションかなとも思ったんですが。

柴崎　ほとんど実際にあったことが元になってるんですけど、いちおう小説というくくりで書いてます。

仲野　アメリカが舞台の話ですけど、いつもどおり、作中に出てくる建築物の描写が細かいですよね。本も出してはるくらいの建物フェチやから。

柴崎　好きで、つい。アメリカって意外に古い建物が多くて、面白いんです。

仲野　土地がいっぱいあるから、東京みたいに古いものを壊さなくても、新たに建てていけるんでしょうね。

柴崎　東京は、建てれば建てるだけ儲かるみたいなところがあるので、どんどん建て替えてしまうんですよね。欧米では、もの自体を保存したいという欲求が強いです。特にヨーロッパはそうで、歴史的経緯のあるものはありのままの状態で残したいという志向がある。ワルシャワなんかでは、第二次大戦で破壊された建物をそっくりそのまま元に戻してますし。

仲野　ドイツのドレスデンかな？　瓦礫《がれき》を集めて復元した建物がありましたよね。

柴崎　たしか教会ですよね。日本はどっちかっていうとシステムというか、形式を残す傾向があって、伊勢神宮なんかは二十年ごとに式年遷宮でお宮から何から全部造り替えます

よね。あれが、その典型だと思います。日本ではモノ自体に対する執着がおそらくあまりなくて、いま問題になっている公的文書についても、欧米のほうが絶対に残すという気持ちが強いんじゃないかと思います。

立派な大阪のおばちゃんになりたい

仲野　さぁ、聞くべきことはもう聞いたかな？　たくさん予習してきたんで、ほかにもいっぱいお聞きしたいことはあるんですけど、キリがないので……そうそう、柴崎さんが書いておられてなるほどなぁと思ったのは、東京は大阪に比べて木がおっきいゆうとこ。緑の多さは公園の数の違いもあるけど、木自体の大きい小さいもあるんですよね。思ったことなかったんですけど、たしかに言われたらそうですね。

柴崎　たとえば欅《けやき》は本来、東日本とかの気候に適応してる木だから、西日本では暑すぎるし、土壌も違うために、それほど大きくならないんです。

仲野　さすが、大学の専攻が人文地理学だっただけありますね。

柴崎　大阪は都市化してから千年ぐらい経ってるんで、元からあった木がそんなに残ってないっていうのもあるんですよね。

仲野　東京は都市化して、ゆうても、徳川家康からなんで四百年くらいやから。東大と京大ってできた時期はそんなに変わらへんはずなのに、東大のキャンパスの木のほうが大きく感じるんは、そういうことが関係してるのかもしれれんですね。

柴崎　あと、東京の中心は地形も複雑で、崖が多い。そういう土地は使えないんで、緑もそのまま残ります。

仲野　なるほどねぇ。

柴崎　大阪と東京の違いでいうと、大阪はおもに照葉樹林で、東京は落葉広葉樹が中心というのもあります。だから、大阪だと、山に行っても椿みたいな常緑の厚い葉っぱの木が多くて、冬もわりと薄暗い。東京の郊外は逆に、葉っぱがみんな落ちてて見通しがいい。

仲野　いやぁ、勉強になります。えーっと、あと聞きたいのは……、いちおうメモも用意してきたんです。

柴崎　なんか、食べ物ばっかり並んでますね。

仲野　そうそう、ぜんざいと汁粉の違いとか、おかき・せんべい問題とか。草加せんべいは、大阪人からしたらおかきですから。

柴崎　私も最近まで、区別ができませんでした。おかきはもち米で、せんべいは普通の米ですよね。

仲野　東京ではもともとそうらしいですね。大阪人としては、炭酸せんべいとか、ペランペランの甘いのだけがせんべいやと思ってました。汁粉は、大阪ではまさに汁粉で汁しか入ってなくて、ツブツブというか、小豆の入ってるのがぜんざいなんですけど、東京はちゃうでしょう？　汁粉やのに、ツブが入っとるやんけ、いう感じ。あと、東京には、汁のないぜんざいがあってびっくりしたこともあるんですけど、あんなん大阪にもあります？

柴崎　大阪だと、たしか「亀山」でしたっけ。

仲野　それと、ネットで調べてたら、ねこまんまが違うらしい。東京では鰹節かけたご飯のことらしいけど、大阪ではご飯に味噌汁かけたものです。鰹節かけご飯なら許される感じですけど、味噌汁かけねこまんまは、ごっつぅ行儀悪い食べ方で、そこそこのレベルの家庭では注意されます。

柴崎　やったらあかんとか言われますよね。私は好きでよくやります（笑）。食べ物じゃないですけど、お風呂屋さんとかも違いますね。大阪では浴室の真ん中に湯舟があって、周りに洗うとこがありますけど、東京は奥に湯舟があって、手前に洗うとこがある。やっぱりそこは江戸っ子だから、さっと入ってさっと帰るんです。大阪は、会話と一緒でどっちがどうというのでなくて、私はそのちがいを発見したり観察するのがおもしろいんですね。なんでちがうんやろ、と考えると歴史や気質が見えてきたりする。

仲野　あと、お風呂屋さんのケロリンの黄色い桶は、大阪のほうがちっさいんです。聞いた話だと、大阪の人って最初に蛇口からではなくて湯舟の湯をすくって浴びるから、風呂の湯ができるだけ減らないように小さめにしてあるとか。東京じゃ、あまりお風呂屋さんとも言わないんとちゃいますか？

柴崎　銭湯ですね。

仲野　この前テレビで「神田川」の作詞の思い出をやってたんですけど、あれ作詞した喜《き》多條忠《たじょうまこと》さんって大阪の人なんですよね。せやから「横丁の風呂屋」になってる。「横丁の銭湯」じゃ、雰囲気出ませんわ。お風呂屋さんでの入れ墨率も大阪のほうが高いんとちゃうかなぁ。うちの近所のお風呂屋さん行ったら、必ず見かけます。それも、毎回同じ人とちゃうんですよ。

柴崎　私の友だちは、「〇時を過ぎると入れ墨タイムになるから、それまでに行かなあかん」と言ってました。大阪は、良くも悪くも「まぁ、ええんちゃう？」ってとこがありますね。

仲野　でも、いまみたいにルールでガチガチの世の中になってきたら、大阪の「負けといたろか精神」的許容度はあったほうがええような気もしますね。まぁ、治外法権みたいな極端にゆるいヤツがおったら、それはそれで困りますけど。そういうものの抑止力として、

はっきりと、しかしやんわりとものを言えるおばちゃんは重要なんです。最近、そういうおばちゃんも減っていて、あれが大阪の活力がなくなった原因なんやないかという気もします。

柴崎　私もだんだん「ああ、立派な大阪のおばちゃんになりたいな」と思うようになりました。東京でも、外国に行っても、おばちゃんは世界中でおばちゃんやなと思うんです。東京に引っ越してきて最初に住んでたところにおばちゃんがやってる洋食屋さんがあって、そこに行くと近所のおばちゃんがたまってて、「これ、持って帰んなさい」とかってミカンとかくれるんです。めちゃくちゃようしゃべってるし、そこは大阪と一緒で、よそから来て心細い人なんかは、そういう人がいることにすごく助けてもらえるんですよね。

仲野　おばちゃんは、暮らしのなかの潤滑油ですね。以前に対談した谷口真由美さんなんかは、テレビでもわりと厳しいことを言わはります。せやけど、けっこうぽちゃっとしてはるから受け入れられるところがあるというか。本人も「私な、痩せたらただの美人やねん」とかゆうてはります（笑）。略して「やせただ」。谷口さん曰く、「太ってるから世間が許してるところを、痩せたら単なる美人がゆうてるとなって嫌われる。だから、痩せたらあかんねん」だそうです。

柴崎　いいですよね〜、そういうおばちゃん。

仲野　いや、もう、おばちゃんパワー全開です。よかったら、谷口さんの全日本おばちゃん党に入らはりますか？　なんぼでも紹介します。谷口さんは三歳くらいからおばちゃんをやったはるから、おばちゃん歴はえらく長いんですけど、年齢は柴崎さんと同じくらいかなぁ。それはええとして、谷口さんもそうですけど、大阪のおばちゃんって、ただうるさいだけやないんですよね。まぁ、そういう人もなかにはいますけど、基本的には世話焼きで、言うべきことはちゃんと言う。東京もそうやけど、大阪以外の街にいると、おばちゃんに限らず、大阪の誇張されたイメージばっかりが広まってるって感じるときがあるんですが、そんなことないですか。

柴崎　ありますよね。「大阪の人、そんなしゃべり方してないで」とか。

仲野　言葉も、そんなに汚いことないのに。小説でも、ガラ悪いヤツに限って大阪弁しゃべってたりしますしね。

柴崎　ガラ悪いとか、がめついとか、そういうイメージを表現する役割になってしまってるというか。

仲野　口調や言葉遣いは、大阪弁のほうがむしろ優しいと思いますけど。

柴崎　私もそう思います。どっちかっていうと、大阪弁は基本的にゆるくておっとりしてるというか。大学のときの先生が、泉州のどこかにある駅前のパチンコ屋でおっちゃんが

パチンコ台をどつきながら「出れへんど〜！」って言ってるのを見たときはすごい衝撃だったと言ってましたが（笑）、それもどこか間延びしたおもしろさがあるなと思ってて。もう何十年も前でしょうけど。

仲野　泉州は、ディープ大阪でガラ悪いから、とかいうたら怒られるやろか……。ひとくちに大阪ゆうても、摂河泉とか、もっと細かい地域ごとの特色もありますしね。いずれにしろこの対談は、大阪の豊饒な文化を伝え、誤ったイメージを是正するのがいちばんの目的で、まだまだ話は尽きないんですが、きりがないので、このへんで終わりたいと思います。柴崎さん、めっちゃ楽しいお話、本当にありがとうございました。対談の連載を受けた甲斐がありました。

＊1　ユニバーサル・スタジオ・ジャパン。此花区にある。
＊2　建築史家・倉方俊輔氏との共著『大阪建築――みる・あるく・かたる』（京阪神エルマガジン社）。
＊3　「銀ブラ」にちなみ、大正時代に流行った言葉。心斎橋をぶらぶら歩くことをいう。

おわりに

対談、お楽しみいただけましたでしょうか。こんな程度の内容やったら全部知ってたわ、という方がもしおられましたら、誠に申し訳ございません。まさかそんな人はおらんやろ〜、と思いながらも、とりあえず謝っておきます。

知られざる大阪を一人でも多くの人にお伝えすることができたらなぁ、と考えて始めた対談です。が、生粋の大阪人としてはちょっとお恥ずかしいことに、私自身、知らないことがたくさんありました。けど、それだけに、えらく勉強になって、むちゃくちゃ楽しかったです。

それぞれの人によって違うでしょうから、何をもって「大阪らしさ」と言うかは難しいところです。しかし、対談をしてわかったことのひとつは、漠然としたイメージだとしても、その「大阪らしさ」というものが、どんどん失われつつあるのではないかということでした。古ければいいというものではありませんが、一度壊れてしまった「大阪らしさ」という文化を再構築することは極めて困難でしょう。

大阪都構想という名の大阪市解体案が再び住民投票にかけられそうです。令和七年には

大阪・関西万博が開催されますし、その前にIRが誘致されそうな勢いです。万博が終わったころに、この本を読み直して、あぁ、あのころはまだこういう「大阪らしさ」が残ってたんやなぁ、ということにならないことを祈るばかりです。

ちょっとしめっぽくなってしまいましたが、気を取り直していきます。今まで隠していましたが、実は小心なところがあって、相当に人見知りです。誰かと初めて会うときには、どんな話で切り出すかをいくつもシミュレーションしなければ、前日眠れないほどです。信じてもらえないかもしれませんが、本当です。ただ、話し出すと、初めての人でも一〜二分ですっかり慣れるので、はたから見ても気づかれないだけです。

そんなですから、まったくの素人がホストの対談企画、最初はどうなることかと心から案じていました。それやったら引き受けるな、っちゅう話ですが……。それはさておき、あらためて原稿を読み直してみると、完璧とちゃうんか、と自分で感心してしまいました。こういうところに、小心にして自己肯定感が強いという不思議な性格が如実に反映されています。

対談がうまくいったのは、なによりも、対談に応じてくださった方々が素晴らしかった、ということに尽きます。毎回、予想していたよりも、はるかに面白くて、驚くような話ば

かりで、本当に楽しくお話しさせてもらいました。あらためて、心から感謝申しあげます。

ここからは、しばし対談の各論をば。

大阪人をめぐっての高島幸次先生、大阪弁についての金水敏先生、大阪の花街話の西川梅十三師匠は、もとからの知り合いでした。なので、出だしの三回は、いわばウォーミングアップのようなもの。第四回は、対談シリーズ初の初対面対談だったのと、大阪城の北川央館長は私より年上と思い込んでいたのとで、緊張感に拍車がかかりました。あとで聞いたら私のほうが年長で、なんやそれやったら、あんなに緊張するんじゃなかったやんかと。あ、北川さん、スミマセン。

鉄道についての黒田一樹さんは、大腸がんを患っておられました。スケジュール調整はしたものの、入院されたということで、すこし難しいかと思っていました。が、退院の翌日に来阪、ドリアを食べながら、元気そうに面白い話をいっぱいしてくださいました。まさか、三カ月もたたずして四十四歳という若さでお亡くなりになられるとは思いもしませんでした。そんなタイミングで対談をしていただけて、本当に感謝の念しかありません。黒田さん、天国にも鉄道、特に地下鉄があったらいいですね。あらためてご冥福をお祈りいたします。

大阪の食についての江弘毅さん、地ソースについての堀埜のおじきは、いずれも「甲南麻雀連盟」の同士であり、対談も楽勝。江さんとは昼から酒を飲んでふぐを食べながら、堀埜さんとは北新地のお好み焼き屋さんで飲みながらという、豪華な対談でした。毎回こんなんやったらよかったんですが、予算的に無理やったですかね。

いちばん緊張したのは、なんといっても、浪花のモーツァルト、キダ・タロー先生でした。キダ先生といえばビッグネームです。それに、もちろん初対面。しょっぱなに研究の説明について注意処分を受けたときは、正直あせりました。でも、対談の予習にと拙著をご購入いただいていたのは、ありがたすぎることでした。テレビで見ていてもおやさしいけれど、実物はそれ以上。実に素敵な先生です。また、助っ人をお願いした輪島裕介先生のおかげで、ディープな音楽談義となりました。

大阪のおばちゃん、谷口真由美さんも初対面でした。対談のところで書いたように、ちょっと狼藉をはたらいてしまったのと、テレビでのシャープな怖さが頭にこびりついていたので、緊張というよりは、びびりながら対談場所へ。しかし、まったくの杞憂《きゆう》でした。以来、とっても仲良しになって、いまではときどき一緒に遊びに行ったりするように。ひょっとしたら、これが対談で最大の収穫かもしれません。

落語についての小佐田定雄先生とは、ときどき劇場やら落語の定席である繁昌亭やらで

お目にかかる仲。大大阪の橋爪節也先生は、キャンパスは違うけれど同じ大学の教授。その上、お二方とも、ほっといても、延々とおもろい話を続けることができるという特技の持ち主であられます。ということで、この二回も楽勝。橋爪先生との対談は、心斎橋の古書店「中尾書店」でという、実に渋いロケーションでした。

最終回は柴崎友香さん。「はじめに」にも書いたように、これが目当てで始めた連載でありました。東京の某ホテルでの対談やったのですが、いやもう、思っていたよりもはるかに、はるかに、はるかに、楽しかったです。あまりに素敵なので、いちだんとファンになってしまいました。もちろん、ツーショットの写真は大事にとってあります。

一二の対談を読んでもらっても、「大阪らしさ」はどういうものかがわかる、というようなことはありません。でも、必ず、これまで知らなかった大阪の一面を知ってもらえたと思っています。

それって、たぶん、とっても大事なような気がします。ステレオタイプではとらえられない大阪らしさがいっぱいある。そういうことを頭の片隅に入れといたら、次々と新しい発見があるはずです。そして、あぁ、こういう「大阪らしさ」もあったんやと、新しい引き出しが増えていく。そんな前向きな気持ちで、そろそろ大阪の話をしてみてくれはった

ら、とってもうれしいところです。

一人ひとりが感じている「大阪らしさ」はたいしたことないかもしれませんが、みんなの心のなかの「大阪らしさ」の総和って、すごいものになるはずです。それがどんどん増えていくって、なんかごっつうええなぁと思われませんか？

そこからまた、ほんまもんの新しい「大阪らしさ」というものが生まれて、これからも残っていく。いや、残していけるようになるのとちがうでしょうか。ノスタルジーとしての「大阪らしさ」ではなくて、活き活きとした「大阪らしさ」がいっぱい湧いてくる。そんな大阪に住み続けられたらホンマにええですよね。

もともと、研究とかよりも司会が得意と自負していて、いちばんの特技は司会ではないかと秘かに思ってました。が、いまでは、司会以上に対談のほうが向いてるんとちゃうか、と思えるようになってきました。まぁ、得意の自己肯定ですが……。

出版した本を巡って、とか、仕事がらみで、とか、けっこう対談のお座敷がかかることがあります。この本の対談のときもそうだったのですが、本職である研究での経験が、対談で大きく役立つような気がしています。

学会発表を聞いたり、研究についてディスカッションしたりするときは、さまざまな角

度から、自分の知識を総動員して考えます。そのデータがあるのなら、こういうことも言えるのではないか。それだと、あの話と合わないのではないか。そういえば、ちがうように見えるけれども、あれとこれは同じようなことなのではないか。などなど。

かっこよく言うと、演繹《えんえき》的な思考、矛盾点の発見、アナロジーの探索、ということになるでしょうか。実は、対談をしているときに、まったく同じように考えている自分を発見したのであります。ひょっとしたら、対談の技を磨くために、これまで研究者生活を送ってきたのかもしれません。あ、ちょっと言いすぎました、スミマセン。

残念ながら、まったく弾まないディスカッションというのもあります。こちらが考えて繰り出したパンチがことごとく外れるような場合です。これはおそらく相性としかいいようのないものです。幸いなことに、この本での対談では、お一人たりともそのようなことはなく、話が弾みまくりでした。

みなさんに、そんな雰囲気をお伝えできていたら、なによりもうれしいところです。

東海教育研究所の雑誌『望星』の連載「大阪しちーだいば〜」では、担当の吉田文さんと編集人の石井靖彦さんにすっかりお世話になりました。ときどき一緒に飲んだりもして、むちゃくちゃ楽しい四年間でした。

単行本化にあたっては、ミシマ社の三島邦弘社長と野﨑敬乃さんが頑張ってくださいました。どこか出版してくださるところがないかと探していたとき、「ちいさいミシマ社」のコンセプトにぴったりだと、レーベルたちあげの二冊のうちの一冊に選んでもらえて最高にうれしかったです。

大阪ってこんなにおもろくて、ええ街やったんや、と、しみじみ再認識できる対談でした。よき「大阪らしさ」がいつまでも続きますように。

仲野 徹

令和元年六月

本書は、「大阪しちーだいば～」
（『望星』二〇一六年一月号～二〇一八年十月号、東海教育研究所）をもとに
加筆・修正を加え、一冊の本として再編成したものです。

ゲストプロフィール

1

高島幸次　たかしま・こうじ
1949年大阪府生まれ。
専門は日本近世史。大阪天満宮文化研究所研究員。
著書に『奇想天外だから史実――天神伝承を読み解く』(大阪大学出版会)など。

2

金水 敏　きんすい・さとし
1956年大阪府生まれ。専門は日本語史および役割語研究。
著書に『〈役割語〉小辞典』(研究社)など。

3

西川梅十三　にしかわ・うめとみ
18歳から大阪・北新地でお座敷に上がる。
大阪の花街の全盛期、名妓として活躍。

4

北川 央　きたがわ・ひろし
1961年大阪府生まれ。大阪城天守閣館長。
専門は織豊期政治史・近世庶民信仰史。
全国城郭管理者協議会会長、九度山・真田ミュージアム名誉館長。
『大坂城と大坂の陣』(新風書房)、『なにわの事もゆめの又ゆめ』(関西大学出版部)、
『大阪城ふしぎ発見ウォーク』(フォーラム・A)、『神と旅する太夫さん』
『近世金毘羅信仰の展開』(以上、岩田書院)など著作多数。

5

黒田一樹　くろだ・いつき
1972年北海道生まれ。中小企業診断士、
1級販売士などの本業を持ちながら、さまざまな電車に乗り、
一乗客としてありのままの鉄道を味わい楽しみ尽くす
「鉄道楽者」でもある。著書に『乗らずに死ねるか！』(創元社・2014年)、
『すごいぞ！　私鉄王国・関西』(140B・2016年)、
鉄道コミック「銀彩の川」(スクウェア・エニックス・2016年)。
2017年1月3日逝去。享年44。

6

江 弘毅　こう・ひろき
1958年大阪府岸和田市生まれ。編集者、文筆家。
『いっとかなあかん店 大阪』(140B)、『飲み食い世界一の大阪』
『K氏の大阪弁ブンガク論』(以上、ミシマ社)など、著作多数。

ゲストプロフィール

7

キダ・タロー
1930年兵庫県生まれ。「浪花のモーツァルト」の呼び名で親しまれる、
関西を代表する作曲家。CMソングや、テレビ番組のテーマ曲、歌謡曲など、
誰もが一度は聞き覚えのある名曲を数多く手がけている。
タレントとしても幅広く活躍中。

輪島裕介　わじま・ゆうすけ
1974年石川県生まれ。専門は日本を含むアジア・太平洋音楽研究、
近現代大衆文化史、アフロ・ブラジル音楽研究。著書に
『創られた「日本の心」神話——「演歌」をめぐる戦後大衆音楽史』(光文社新書)、
『踊る昭和歌謡——リズムからみる大衆音楽』(NHK出版新書)など。

8

谷口真由美　たにぐち・まゆみ
1975年大阪府生まれ。法学者・大阪大学非常勤講師、
日本ラグビーフットボール協会理事。「全日本おばちゃん党」代表代行。
『日本国憲法——大阪おばちゃん語訳』(文春文庫)など著作多数。

9

小佐田定雄　おさだ・さだお
1952年大阪府生まれ。落語作家。狂言や文楽、歌舞伎など、古典芸能の台本も
数多く手がける。『上方らくごの舞台裏』(ちくま新書)など著作多数。

10

堀埜浩二　ほりの・こうじ
1960年大阪府生まれ。説明家、イベント企画制作会社社長。
音楽や街に造詣が深く、著書に『ももクロを聴け！』、
近著に『困難な子育て』(以上、ブリコルール・パブリッシング)がある。

11

橋爪節也　はしづめ・せつや
1958年大阪府生まれ。専攻は美術史。『大大阪イメージ』(創元社)など、
近現代の大阪にまつわる著作多数。展覧会の企画なども数多く手がける。

12

柴崎友香　しばさき・ともか
1973年大阪府生まれ。作家。『春の庭』で芥川賞受賞。
『公園へ行かないか？ 火曜日に』(新潮社)、『待ち遠しい』(毎日新聞出版)、
『その街の今は』(新潮文庫)など著作多数。

仲野 徹　なかの・とおる
1957年、「主婦の店ダイエー」と
同じ年に同じ街（大阪市旭区千林）に生まれる。
大阪大学医学部医学科卒業後、内科医から研究の道へ。
ドイツ留学、京都大学・医学部講師、大阪大学・微生物病研究所教授を経て、
2004年から大阪大学大学院・医学系研究科・病理学の教授。
専門は「いろんな細胞がどうやってできてくるのだろうか」学。
2012年には日本医師会医学賞を受賞。著書に、『エピジェネティクス』（岩波新書）、
『こわいもの知らずの病理学講義』（晶文社）など。
趣味は、ノンフィクション読書、僻地旅行、義太夫語り。

仲野教授の そろそろ大阪の話をしよう
2019年8月5日　初版第1刷発行

著　　者　仲野 徹

発 行 者　三島邦弘
発 行 所　ちいさいミシマ社
郵便番号　602-0861
京都市上京区新烏丸頭町164-3
電話　075-746-3438
FAX　075-746-3439
e-mail　hatena@mishimasha.com
URL　http://www.mishimasha.com
振替　00160-1-372976

装　　丁　寄藤文平＋古屋郁美（文平銀座）
印刷・製本　（株）シナノ
組　　版　（有）エヴリ・シンク

ⓒ2019 Toru Nakano Printed in JAPAN
本書の無断複写・複製・転載を禁じます。
ISBN　978-4-909394-24-8

書籍レーベル「ちいさいミシマ社」は、2019年7月にスタートします。

ミシマ社よりさらに「ちいさい」をめざしたい。

レーベル名「ちいさいミシマ社」にはそのような思いを込めました。具体的には、ミシマ社より少し高い価格設定をし、少部数の本を出します。わかりやすくするためにあえてこの表現を使いますが、ミシマ社は「一人でも多くの人々のもとへ」、ちいさいミシマ社は「一人へより濃く」届く本をめざします。もちろん、込める熱量はどちらも変わりません。「一人でも多く」と「一人へより濃く」。出版の醍醐味と言えるこのふたつを、書店と共存するやり方を探るなかで実現していきたいです。

このような思いのもと、それぞれのタイプに応じて書店への卸条件を分けることにしました。

ミシマ社は従来通り七掛けで書店へ直卸する。ちいさいミシマ社は、書店完全買い切りで、55パーセントで卸す（リアル書店限定）。つまり、「ちいさいミシマ社」では一冊を届けてもらうことで、書店側にしっかり利益が出る。数多く販売することをめざしてもらう必要がない。そういう条件下、出版社側も、「より売れる」ことを意識するより、「より喜ばれる」本づくりに徹することができる。書店は届けることに、出版社はつくることに専念。大量生産・大量消費の時代が終わった今、書店と出版社、それぞれにある本来の良さを、それぞれがより発揮するための一歩になることを願っています。

「ちいさいミシマ社」のちいさい取り組みが、出版界の未来にとってもちいさい光になればこれ以上の喜びはありません。

ミシマ社　三島邦弘

JN218813